文學叢刊

臺北第一聲炮響

黃文範著

文史哲出版社印行

國家圖書館出版品預行編目資料

臺北第一聲炮響 / 黃文範著. -- 初版. -- 臺北市：文史哲, 民 98.06

頁： 公分. --（文學叢刊；219）

ISBN 978-957-549-849-8(平裝)

1.言論集

078　　　98010209

文學叢刊 219

臺北第一聲炮響

著　者：黃　文　範
出版者：文史哲出版社
http://www.lapen.com.tw
e-mail：lapen@ms74.hinet.net
記證字號：行政院新聞局版臺業字五三三七號
發行人：彭　正　雄
發行所：文史哲出版社
印刷者：文史哲出版社
臺北市羅斯福路一段七十二巷四號
郵政劃撥帳號：一六一八〇一七五
電話886-2-23511028・傳真886-2-23965656

實價新臺幣三五〇元

中華民國九十八年（2009）六月初版

ISBN 978-957-549-849-8　08219

序

以一個業餘歷史癖之身，多年以來，我在翻譯之暇，對近代史的一些史實，作了一些拾遺補闕的文字工作，定名爲〈近史記實〉；由於業餘，便少卻學院門檻的規範，而得以採用論述、報導、及評論的諸多文體，甚至以小說、雜文、電影劇本出之，但篇篇都有感而發，雖然虛（fiction）實（reality）兼見，卻並非率爾操觚，來源都有所本。〈調侃小品〉則是減壓消悶的雜文，信手拈來，供讀者展顏莞爾；本書可說是箚記，也是雜記。

抗戰前，國軍建軍，一九三四年元旦，在杭州筧橋成立防空學校，與航空學校（空軍官校）同隸航空署（後改航空委員會、空軍總部）。抗戰八年，防校不但訓練員生部隊，更指揮全國九個高射砲團與一個照測總隊，與日機作殊死戰，戰功彪炳，光耀史册。一九四九年自北平圍城中全師而退，撤來台灣花蓮重建，本書〈六十年前的升旗禮〉，便記載了當時的防校在台情形。

本書以《台北第一聲砲響》爲次，這是爲我所深知的一段近史，主角林光漢上尉，爲同期同學。《砲響》以後，他的機警與負責，不但沒有獲得上級半次嘉獎，反而日後仕途嶒崚。政戰部說他與同學通信中，有「做一日和尚撞一日鐘」，便判定他「思想消極」，連他參加留美深造考試的機會，都加以封殺。使他鬱鬱一生，獨居台北，晚景寂寞。經過我多次勸說，他方始點頭讓我寫出當年那一段經過，不讓這頁歷史留下空白。

《突擊亨墨堡》一文論及美國名將巴頓，下筆尤其慎重，我譯過《巴頓將軍傳》《巴頓將軍新傳》與《巴頓戰誌》三書，達一百卅一萬字，才敢研究他生平惟一一次的小敗仗——突擊亨墨堡；另外再參攷了十六種資料，方始完成萬字的論述。難過的是，竟找不到地方發表，連我所參與的「軍史學會」，也只接納學會訂定當年主題的論文；幸得《青年日報副刊》刊載，但報紙限於篇幅，重要的地圖、圖片與資料來源都刪除了；只有結集本書時，才能把這些珍貴資料還原。

十幾年前，我和台灣歷史博物館前館長何浩天兄，以及台南企業家侯萬蟾兄三人行，到皖、京、蘇、杭觀光旅遊；他們兩人原是親家，我們一路上無所不談，侯老細細道出日軍佔台時，他家所經過的驚險歷史故事，浩天兄便勉我記述成文，以資廣爲流傳。我所撰的《東隆宮的故事》，經他們看過，謬蒙讚賞，使我賈其餘勇，試以電影劇本方式呈現，以兩種方法六萬多字敘述了這段史實，還是有生第一次嘗試。只是我自慚台語太破，遲遲不敢對外發表。而今，他們先後作古，只有趕緊納入集內，不怕見笑方家，只希望能保存這一段罕爲人知的台灣民間抗日史實，以不負何侯二兄的託付與期望。

黃文範

二〇〇九年三月十三日花園新城譯齋

台北第一聲炮響 目錄

近史記實

六十年前花蓮升旗禮

一九四九年元月二日，部隊拖載離開上海的虬江碼頭，到張華濱碼頭上船。車輛、火砲、裝備，陸陸續續吊上「台安號」，這艘船船齡頗老，與前年我們裝船駛往秦皇島的「大中華號」是姊妹船。

學校甫從北平（擠在一艘中字三一號戰車登陸艦上）撤離到上海，我們全身穿厚厚的黃棉軍裝、棉帽和手套，在曉來的寒風中還抖索不已。看到另一艘剛由台灣駛到的運兵船，官兵依然穿單衣，帶了很多木炭、甘蔗、香蕉、橘子之類，還有西瓜！但卻沒有見到久已心嚮往之的菠蘿（鳳梨）——眞是羡慕；一想到我們也要到那個溫暖的寶島上去，裝船的疲累也就算不得甚麼了。

開船後，海浪漸漸洶湧，我對要去的目的地——花蓮港，在日記上寫出想像的情況：

「東面是波濤凶險，無底深淵的太平洋，西面是高山險林；岸邊的公路，開闢在險峻的海邊巉巖絕壁上；港裡冷清清停泊著幾條漁船，甚至連電燈都沒有，街市最好的程度，也不

空軍防空學校校長馮秉權中將

過和貴州的清鎮相似吧。暗夜裡睡木屋中的『楊楊米』上，便可聽見山林中的虎嘯猿啼，一切日用品都得從基隆運來，物價很高；到那裡，可能我們還得住在帳棚裡，天天伐木做工，造自己的營房，連一份普通的報紙都看不到……」

船向南航，狂風在船尾相送，吹得甲板上我們睡處的帳棚布嘩嘩作響，深重的寒意，送我們這一船人漸漸遠離了故國家園。

近兩天的航行，右舷的陸地出現，連綿不斷的深紫色高山聳立，樹木蒼鬱，山底的建築物根本沒有甚麼竹籬茅舍。船緩緩駛近巍巍矗立一個白燈塔的防波堤，慢慢駛近了堤內的碼頭，港內已有幾艘商船和登陸艦，泊得滿滿的都是漁船。夜色中，港區船隻的紅綠燈和碼頭區三三兩兩的燈光相輝映。濛濛的雨夜中，買到了船邊舢板叫賣的台灣香蕉，用吊籃吊上甲板，眞的又大又甜，一口氣竟吃了五支。

我們的新校址在花蓮港南面十五公里處的南埔機場，原是日軍神風特攻隊的基地，面積遼闊，也有不少的永久性營房，只是被美機轟炸得很慘，沒有半幢完整的房屋，三幢兩層的大樓，磚造的四牆還在，卻空敞敞的沒有屋頂，地面都是三四十公分厚的灰泥。後來才知道這是花蓮溪堤防在先一年颱風期中崩坍，挾帶大量泥沙的溪水，從營區橫掃奔流出海，所留下的沉澱層。

雖然沒有屋頂，但牆壁總可以擋寒風，校部單位便在牆壁內搭起帳棚來住。我們部隊便在空曠的野地畫設營區，先放列好火砲與機槍，再搭起帳棚露營，一個帳棚一個砲班，住得擠一點，但好在是冬天，還不要緊；軍官則四個人一棚。雖然露宿田野，但離開了半個月來的海浪顛簸，腳踩在踏踏實實的大地，人都穩定下來，胃口也好起來了。

剛到台灣，上級關餉用「大頭」（銀元），一個大頭可以換老台幣十五萬五千元，而買一塊肥皂卻要四萬五千元；那時官兵每一個月的副食費只有兩個大頭，伙食之差可想而知。只有白糖最便宜，一斤只要九千元，台灣糖可眞有名，來了台灣能錯過嗎，我一口氣便買了十斤，足足一大罐；可人不能光靠舔白糖過日子啊，不過放在身邊，天天看到那白亮亮的一桶，心裡也滿充實的。營房初定，便是官兵一體做工，先要把灰泥淹沒的道路挖出來，再清除屋架子裡面的灰泥；還要做「助民勞動」，到花蓮溪邊抬石頭，協助花蓮縣政府修堤。乾涸的河床上，有大大小小從高山沖下來的鵝卵石，我們全憑人力，一塊塊扛到堤坊上，堆成方方正正的「石方」，作修堤的石材。

那年的春節是二月三日，算是休息了幾天，初六開始又是做工，砲操、槍操全免了，不整理好營區，收拾出幾間課堂，學員來了咋辦。

到了二月二十一日，這天星期一，朝陽閃耀中，全校的官員生兵，集合在一號大樓前舉行紀念週，先行升旗典禮，由校長馮秉權將軍主持。

馮校長爲抗戰名將，八年抗戰中，以防空學校教育處長的地位，承教育長黃鎭球將軍之命，不但訓練學員生，還負有指揮九個高射砲團與一個照測總隊與肆虐的日機作殊死戰的任務，戰功彪炳。抗戰勝利後，防空學校一九四七年由貴陽油榨街遷往北平黃寺大樓。一九四八年冬，國軍東北戰事失利，林彪四野入關，北平圍城情況已現，全憑他的遠見與影響力，才將全校完完整整撤往塘沽轉船來台，未損一兵一卒。我那時以一個么少尉排長，光桿一個，居然連啞鈴與自行車都運到了花蓮。

以往學校在貴陽、在北平舉行升降旗，都有軍樂隊；而這次升旗禮，卻只有兩名號兵吹奏升旗號，國旗冉冉地在號音「的第第達達的狄狄達達……」中升起在大樓頹垣中那根挺挺的旗杆上，陽光正照耀著微風捲起的飄揚國旗，止不住眼眶發熱，一兩個月的疲憊困頓都煙消雲散了。

「今天，」魁梧奇偉的馮校長訓話，響亮的聲音充滿了感情：「防空學校在花蓮再奠根基，東山再起了！」

——一九九七年十二月九日《青年日報副刊》

台北第一聲炮響

半世紀又五年前，一九五四年九月五日，星期天……「報告連長，我在雷達車，有狀況！」林連長一手按下床頭戰備鈴，一面交代：「達安，你去機槍排；李逢時，去請副連長到戰炮排；我在射指排。」……

半世紀又五年前，一九五四年九月五日，星期天，台北縣景美鎮。

台鐵火車的隆隆聲，掠過淺淺的景美溪河面傳過來，可以聽到哐啷哐啷車輪壓過鐵軌的清脆聲，過橋進站時，還拉了一聲長長的汽笛。從中山室窗戶向外望，暮色中集應廟一帶有了零零落落的明亮燈光，隱隱約約的景美夜市喧囂聲漸漸升起。

「七點半新店到淡水的班車。」劉指導員看看手錶，打了一個哈欠。

滿屋子菸味的中山室裡，開會的人個個笑了，主席位子的林連長也笑了，說道：「我們散會吧。」幾個幹部伸伸懶腰起身離開。林連長對指導員說道：「達安，你等一下。」

「連長還有事嗎？」

「我們連上三個排，只有機槍排排長葉繼梧受訓，還沒有到差，四個槍長總要有個頭，

空軍高射砲兵第一團第 102 營第 2 連
連長林光漢上尉

麻煩你兼顧一下。」

「連長指示就是命令，哪還用說麻煩，太客氣了。不過我有件事忘了報告，也要麻煩連長一下。」

「什麼事？」

「國慶全團籃球決賽，我們第二連代表一〇二營，要請連長帶隊。」

「現在進入戰訓，假都不放了，我哪有時間，請副連長去吧。」

「我們哪裡只要連長帶隊，還要連長下場才有希望打得贏。聽人說，連長以前就是學生隊籃球隊前鋒，代表防校打過貴州省運會，得過冠軍的。」

「那是多少年前的事了，好久都沒摸過球了。」

「有連長下場，士氣就有了，信心就來了。」

「眞還有這個作用？再說吧。」

隔壁的連長室，響起了電話聲，傳令兵李逢時衝出來：「連長，和排長電話。」

林連長腿長腳快，兩三步便抓起床頭的皮機電話，射指排長一向沉著，八成是緊要事。

「振華，什麼事？」

「報告連長，我在雷達車，有狀況！」

林連長一手按下床頭戰備鈴，一面交代：「達安，你去機槍排；李逢時，去請副連長到戰炮排；我在射指排。」

營房響起了噹噹噹噹刺耳的鈴聲，炮手槍手紛紛從鋁皮寢室中竄出來，衝進槍炮掩體，跳上炮盤，掀開綠色的沉重炮衣，起下炮口帽，炮身兩側長長的後退滑板，在暮色中閃閃發亮。

高低手方向手跳上座椅，轉動手輪，對正指標，報出「方向好！」「高低好！」彈藥手從彈藥箱中，抽出暗綠彈頭鋥亮藥筒的炮彈，插進引信測合機，報「彈藥好！」火炮士檢查電纜，扳開白森森的炮閂，窺視膛線長長盤旋的炮管，向炮長大聲報告：「火炮好！」四炮炮長再一一向戰炮排長報告：「第幾炮好！」

戰炮排排長李福光中尉向連長報過戰炮排好後，轉頭對廖昌東副連長說：「副

空軍高射砲兵第 102 營第 2 連
射指排排長和振華少尉

空軍高射砲兵第一團團長劉克莊上校

座，這回好像玩眞的了。」

車門緊閉的SCR-584雷達車，黑漆漆地隔絕了炮陣地的發射準備聲，只有雷達機與除濕機輕微的營營嗡嗡，操作台擠滿了人，都靜氣凝神望著綠色光柱不斷旋轉掃描的平面指示器（PPI）。

射指排長和振華少尉，用指示筆指著圓盤邊緣一個淡淡光點：「連長，這裡不正常。」

五八四射指雷達的有效搜索距離爲七萬碼，但是餘波可達十萬碼，那隱隱約約遠遠的一小點，若非仔細注意，還看不出是個移動目標。

「向圓山報告過嗎？」林連長問道。

「AAOC（高炮作戰中心）問過ACC（空軍作戰中心）了，上空無我機。」伍俊明雷達長回答。

林連長按下直通AAOC的電話：「請團長講話。」

話機中傳來空軍高射砲兵第一團團長劉克莊上校渾厚響亮的聲音：「光漢嗎？」

「報告團長，我們發現可疑目標。」

「我們也問過 ACC 兩次，上空無我機。」劉團長對第二連很了解，田德昌營長的一〇二營四個九〇炮連，蘆洲、板橋、南港三個連換裝早，連長都是資深少校；只有第二連接炮最晚，一九五四年六月才進入景美陣地，林光漢上尉剛剛到任，接黃前忠少校的差，便進入戰備訓練，論資歷這只是個菜鳥連，偏偏卻是這個連發現狀況。不過，他對這個年輕的上尉連長也有信心，是高炮老袍澤駐西安炮兵第四十四團團長林中逸少將的少君，陸官十九期，將門虎子，英挺軒昂，篤實負責，有一股子初生之犢不畏虎的勇氣，幹勁十足，三個月來加緊訓練，星期天晚上還開機操兵，這一下卻眞逮到了。打呢？還是不打？這是一個問題。以他的經驗，抗戰期間，曾在重慶炮兵第四十五團，從連長熬到團長，麾下九個七五高射炮連對抗來襲的日機，大大小小歷經百戰，打敵機貴在迅速把握戰機，方能萬無一失，容不得哈姆雷特的躊躇遲疑；儘管搜索台海的遠程雷達沒有發現目標，卻並不能否定第二連射指雷達目標的存在；身爲指揮官，就要扛起這個萬分沉重的十字架。這時，他下達了一個艱難的決定：「光漢，」他一字一頓：「你再抓到目標，就打！」

有了團長同意放行的綠燈，五八四雷達車內頓時緊張起來，林連長一聲令下：「開遙控！」

炮陣地中四門 M1A1 九〇高射炮長長的炮管，同時奮然昂起，齊嶄嶄與五八四雷達圓碟天線仰起的角度平行。遙控一開，四門炮的方向、高低與引信測合，都受到 M9 指揮儀輸出諸元的遠距運作；炮閂大開，只等十二公斤的重彈進膛。

伍雷達長一聲：「追蹤！」雷達士操作微調手輪，使射距離、方向、高低諸元的光點結合，報告：「鎖定！」

平面指示器上的這個微光點，並不是直線水平飛行，看得出它時而偏左，時而偏右，高度升升降降，但大致上是朝台北市偏東南接近，九〇炮的有效射距離爲兩萬碼，眼見微光漸漸進入威力圈，林連長耐著性子與它鬥智，總要選擇它走上穩定的一段航跡，先下預備口令：

「全連預備，兩發！」

炮陣地中，炮長緊緊跟在轉動的炮盤後面，靜待耳機中的發射口令，彈藥手把住塞進引信測合機的炮彈，另一名彈藥手雙手捧著一發炮彈，跟著炮身轉動；饒你是身經多少次實彈射擊的炮手，這時都口內發苦，手心津津出汗。

微光點向指示器中心靠近，一萬六、一萬五、一萬四……來了，龜兒子，有種飛一段直的，要你好看。終於，林連長對著話筒一聲叱叫：「全連，兩發，發射！」

戰炮排長一聲哨音，四門炮的炮長高舉的右拳向下一揮，大聲吼出：「放！」彈藥手迅速抽出炮彈，往炮閂中一塞，炮閂自動哐啷啷閉合，火炮士擊發繩一抽，蓬轟幾聲霹靂，震得炮手的耳朶嗡嗡直響，炮口焰的黃橙色強光，閃亮了陣地每一個角落；炮口強風捲起掩體外的番薯葉和沙土，向上飛揚，熱硝煙的酸味衝進了鼻孔。炮管隨著炮身向後一縮，炮閂自動打開，亮晶晶熾熱的黃銅藥筒冒著熱氣拋了出來，火炮士不待它落下，一腳便把它踹到炮盤下去，彈藥手再抽出一發炮彈送進炮門，火炮士立刻狠拉擊發繩，又是一聲強光閃耀的霹靂……炮長這時才報告：「發射完畢！」

四名老炮長，都是炮兵第四十五團第一營德國卜福斯七五高射炮的老手，在這次連發中，對九〇炮發射退殼的俐落與穩重，不禁都讚「好炮！」

第四炮上士炮長李家祥，原是駐重慶歇台子炮兵四十五團第三連的火炮士，抗戰期中打日機，少說轟了幾百發七五炮彈，練就了左腳踢藥筒的本領，左腳腳面都踢出了繭。到台灣升了炮長，換了新炮，巴不得再施展一下身手，好好幹一場。不料這一回的彈藥手，是個菜鳥新兵，第一發炮彈發射震得他慌了張，忘了把第二發炮彈送進引信測合機，氣得李家祥奔上炮盤，要自己來測合裝填，李排長連忙吹哨制止：「好了，不測合！」李家祥直跺腳：「格老子的，漏氣！就是我這門炮少一響！」

七發炮彈連續發射的爆震波，震得像頭號貨櫃般的雷達車都輕輕晃動，操作台的人都緊張地注視指示器，看著兩順炮彈的弓形波慢慢上升，向那個微光點接近，彈群爆炸時，指示器上冒出一片淡淡的光雲，遮蔽了微光點。和排長高興說道：「命中了！」林連長對這些模糊隱約的纖維沒有作聲，抓起直通AAOC的電話，說得很冷靜：「報告團長，本連發射了兩順七發炮彈，目標放了錫片，我們繼續搜索中。」

景美的夜市熱鬧非凡，全省聞名，今夜集應廟的香火燒得更爲紅旺，香客進進出出，絡繹不絕，神座前籤筒嘩嘩嘩嘩響得像連珠炮。驀地裡，狂！狂！狂！幾聲轟天動地的炮響，震得神像框架的玻璃晃響；一下子天下大亂，香客與遊客驚惶對望，立刻奔跑到小街上，有些人跳進柵欄，順著火車鐵軌逃散；警員吹起矍矍的警笛，對著小街邊一排排點著電石燈的攤販叱喝、吼叫：「熄燈！熄燈！燈火管制！」突然全鎮的電燈光一下熄滅，黑漆漆一片更增加了恐慌緊張的氣氛，奔跑的人群中有人大聲叫：

「里長伯啊，安怎無警報就放炮了？」

「代誌大條，阿共仔飛機來了。」

凌晨的風，爲台北帶來初秋逼人的絲絲涼意，曙色前的景美鎮，還是一片靜靜的黑暗，折騰了一夜的第二連陣地，恢復了平靜，只有雷達車頂的圓碟天線還在繼續旋轉，車內地板上，幾名雷達士睡得正酣，間或有呼呼的鼾聲；林連長、和排長、伍雷達長還在操作台邊聊天，一面注意平面指示器上的訊號。

平時不抽菸的林連長，爲了熬夜，也不得不點燃一支「八一四」牌香菸，在靠背椅上沉思這個目標的出沒軌跡。看看電子鐘，已是九月六日上午六點了，突然響起了電話，圓山AAOC 團長來的，聲音很疲倦，顯然團長也是一夜沒睡，這次沒問搜索情況，只說：「光漢，司令到你們陣地去了，準備迎接。」

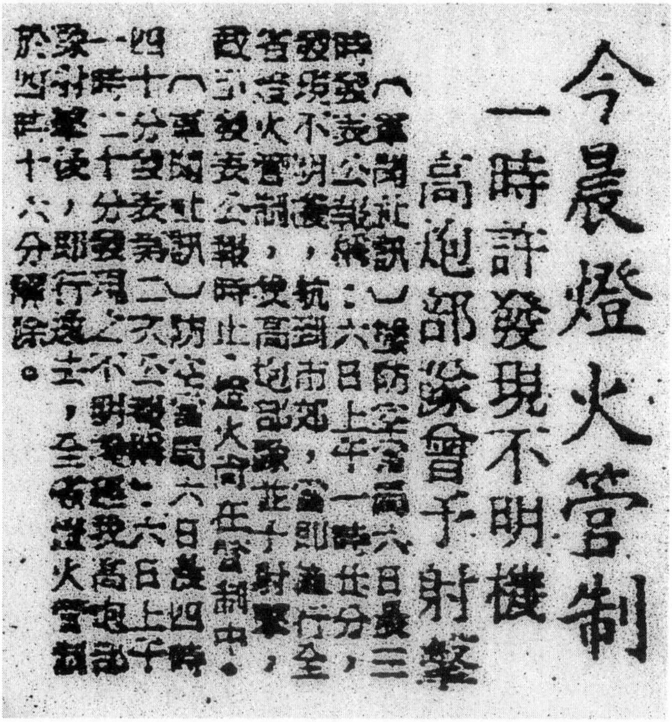

今晨燈火管制

一時許發現不明機

高炮部隊曾予射擊

（軍聞社訊）據防空當局六日晨三時發表公報：六日上午一時廿分，發現不明機，航抵市郊，當即進行全省燈火管制，[illegible]高炮部隊並予射擊，截至發表公報時止，燈火尚在管制中。

（軍聞社訊）防空當局六日晨四時四十分發表公報（二）：六日上午一時二十分發現之不明機，經我高炮部隊射擊後，即行逸去，至今燈火管制於四時十六分解除。

1954年9月6日台北市《中央日報》頭版

林連長、廖副連長和劉指導員三個人到連部門口接官。六點十分，兩輛開著燈火管制燈的吉普車駛到，第一輛車下來的是參謀長蕭知三少將，第二輛車是高炮司令張星源少將，兩員將領的軍服都皺皺巴巴，看樣子也都熬了通宵。

「司令部兩個大頭頭都下凡，看來這一回的排頭夠我們受的了。」劉指導員向廖副連長眨眨眼說。

兩員將領回了林連長三人的敬禮，張司令只說了一聲：「辛苦了。」卻沒有進營門，面色沉重。

蕭參謀長向張司令遞過一份報紙，說道：「司令，這是我車過《中央日報》時買的今天報紙，頭版刊出了昨晚高炮部隊射擊不明機的消息，說今晨三點才發的公報，不明機一點二十分到市郊，燈火管制四點十六

空軍總司令王叔銘上將

分解除，通常報紙都是半夜十二點截稿，四點出報，《中央日報》竟能未卜先知，眞神了。」

張司令看了一下，反而面有喜色：「知三兄，軍聞社發布不明機消息，等於發了我們適航證，我們打得名正言順，沒人敢說話了。」

司令這幾句話：靜靜站在身邊的三個么官兒，才輕輕吁了一口氣。

「那也可能是唬弄對岸，像把時間故意更改，讓對方從新聞上找不出虛實，眞眞假假，兵不厭詐嘛。」三個么官兒心又繃緊起來；林連長倒是坦然，自己做了該做的事，大不了要送軍法的話，我一個人扛。

遠處，一輛開著頭燈的黑頭車駛來，到營門停住，車門開處，一位空軍少校挾著公事包下來，打開後車門，兩員少將搶上去舉手敬禮，齊聲：「總司令好！」林連長心裡一緊，這幾炮連總司令都驚動了。

王叔銘總司令下了車，軍常服肩章上六顆銀星亮眼，裡面的天藍襯衫卻沒打領帶，滿臉的黑鬍渣，看得出也是一夜沒睡。儘管衣服皺巴巴，精神卻還很充沛，一口山東腔對著個子瘦瘦高高的張司令說：「張司令，昨晚你們開張了。」語氣中絲毫沒有責備的意思，一句話，便使得站在面前五員將校心中的石頭落了地。

張司令把林連長向總司令介紹：「報告總司令，這是高炮一〇二營第二連連長林光漢上尉。」

總司令伸出厚厚實實的手握住林連長，望著他說道：「林連長，你警覺性高，很好，你這幾炮把空軍打響了。」

他一面慢慢走，一面向這幾員將校說話：「昨晚，俺正在介壽堂聽……」

空軍裡人盡皆知，老虎總司令有三愛：一愛飛行，二愛聽京戲，空軍的大鵬劇團，便是他一手培植茁壯的。張司令也有昨晚的戲碼單，大軸是徐露擔綱的拿手好戲，全本《紅鬃烈馬》，她前飾王寶釧，後飾代戰公主，是唱做俱全的好戲；沒料到轟轟幾聲炮響，老總不但戲沒看成，還折騰了一夜沒睡，張司令心中實在過意不去。

「幾聲炮響，可捅了衡山指揮所的馬蜂窩了，」虎總說得倒是平平常常，不當一回事：「電話一個跟一個來，總長倒沒說什麼，作戰次長室的話就難聽了，什麼膽大妄爲，無的放矢……俺一氣，快半夜了，就上山進官邸，當面向校長報告……」

虎總從來不跟文武同僚稱「委員長」，稱「主席」，稱「總統」，也不隨侍從室人員稱「先生」，只稱「校長」，據他自己說：「俺改不了口了。」

空軍高射砲兵司令張星源少將

「聽說總統最近政躬違和？」張司令問道。

「是心情不好，公不離婆，秤不離鉈嘛！五月二十日總統就職典禮後不久，夫人便去了美國辦外交，到現在四個月還沒回來，人越老越離不開伴；何況杜勒斯現在在馬尼拉開會，馬上要來台灣簽〈中美共同防禦條約〉，大事一樁，校長沒有夫人這位超級外交部長在身邊，咋安得下心啊。」

「總統怎麼問總司令的？」

「校長聽了俺報告，只點點頭說好，後來又問俺：『叔銘，你的意見？』俺就說了：『報告校長，作戰司令部和高炮司令部都是空軍的部隊，一個攻，一個防；手心是肉，手背也是肉。這件事，俺相信高炮。』」

這句話一出，在料峭晨寒中隨行的林連長，一身覺得暖呼呼起來。

「八路的飛機這回溜進來，俺早先也料到過。去年，俺從定海飛 B-25 回台灣……」

一提到 B-25 中轟炸機，虎總就上了勁，那是他的第三愛，打抗戰末期在四川梁山接機起，一直到徐蚌會戰，他飛這種轟炸機，無役不與。他聽說美軍轟炸東京的杜立特將軍，二戰退役後，還買了一架 B-25 改裝作私人飛機，羨慕得很。所以專機中隊也備有一架 B-25 專機，漆上老虎機徽，專供虎總飛行。

「空軍作戰要勝利，就得避凶趨吉。」虎總給兩員高炮將領上課：「凶是啥？敵人的雷達，希特勒戈林不信這個邪，所以轟炸英國失敗。吉是啥？就是水域，不管河面海面，都是平平坦坦無遮無攔的大跑道，低飛雷達就抓不到，定好航向或順著水路，準能到達目標。所以歷史上幾次空軍大勝：日本人炸珍珠港；杜立特炸東京；P-38 揍下山本五十六；和皇家空軍炸垮魯爾水壩，全都是貼水飛，躲雷達，飛到目標，拉起攻擊，幹掉就飛走。俺那次想試試看台灣的空防如何，便貼著海從東海向南飛，從基隆嶼東面進淡水河，飛到台北橋一拉起左轉，就在松山機場落了地，躲過了搜索雷達網；那一回，記過申誡的一大串。」

別說三個小么官了，兩員少將也從沒和總司令貼過這麼近，聽過這麼長的訓。

「情報署判斷，這回溜進來的，是八路一架杜四中轟炸機或者依爾二十八輕轟炸機，經過改裝，炸彈艙中加了油箱

林光漢上尉（右）與作者

才能飛這麼遠。路橋機場起飛貼海飛進來，從台灣後門俺飛過的航線溜進來拉起，被你們發現轟了幾炮，這才抛錫片掩護溜回去。要不是你們，空軍這個臉往哪裡放。」

總司令進入營門，在炮陣地巡視了一番，連連點頭說好，這才離開回總部，上車前，他叮囑張司令：

「記住俺的話，淡水河是捅進台北的一把刀。」

張司令與蕭參謀長面面相覷，馬上齊聲回答：「是。」

總司令車離開後，張司令也準備上車，向蕭參謀長說：「知三兄，我們要多調一個營到淡水地區來，堵住這個口子。」

蕭參謀長答應：「是。」他卻老謀深算，另有見解：「司令，這個問題，八路替我們解決了，昨天晚上這一攪，驚動的也有顧問團，他們定會反應到五角大廈去，國務院受到壓力，這〈中美共同防禦條約〉就會加快簽。到時候，那霸的搜索雷達網就會看住台灣的後院了。」

一夜沒睡，在 AAOC 等候消息的劉團長，沒料到居然老虎總司令親自到景美第二連慰問；聽到說開張二字，電話中笑了，說道：「可惜沒有開胡。」他也替林連長打氣：

「光漢，總司令親自下連驗收戰訓成果通過，高炮歷史上還是頭一次；第二連不但是將星群集的五星連，而且你一個上尉連長竟通了天，國軍歷史上也少有，你應該引以為榮了。

「不過，這次射擊雖然可以視同作戰，但是沒有戰果，司令部人事處不會給你報功的。

你盡了責任，問心無愧，來日方長，不必放在心上。如果沒有我這個團長，沒有你這個連長，台北就聽不到炮響了！」

林連長回答說：「是，團長。」站起身來，舉手向著旗架上的團旗敬禮。

一周後：國防部情報次長室截獲了北京人民廣播電台所播報的一則消息：

「美帝與台灣的蔣幫勾結加緊，要在今年簽訂所謂『中美共同防禦條約』，我人民解放軍於九月三日炮擊金門，做出警告。並在美帝派國務卿杜勒斯九月九日赴台勾結前，以空軍先進飛機飛往台北示警。當時台北蔣幫毫無所覺，燈火通明，我機長驅直入，如入無人之境，後雖發覺，實施燈火管制，並有零星炮擊，但我人民解放軍空軍英雄技高膽大，安然飛回基地，成功達成了打擊美帝與蔣幫勾結的陰謀。」

——二〇〇七年元旦於長沙市
砂子塘梨子山

刊於二〇〇七年五月二十一二十一日台北市《聯合報副刊》

空軍高射砲兵司令部參謀長蕭知三少將

老而彌堅的戰友四〇砲

一九九四年，正當省市長選舉熱鬧滾滾鑼鼓喧天時，忽然傳來小金門防砲「誤擊廈門」事件，全國民衆都一愣，選舉期間，放錯鞭炮都影響情緒，砲彈飛到廈門去了，這可不是鬧著玩的。國防部公佈事實眞相，原來是一樁「流彈傷人」事件，只不過傷到了大陸同胞。令一般人猜不透的是，砲彈怎麼能飛那麼遠？一〇五榴砲、一五五榴砲的射程當然可以涵蓋廈門一帶，但這只是四〇防砲呀。

所謂「四〇防砲」，國人也許不太熟悉，全名應該是「四公分」（海軍則稱四十米厘）防空機關砲」，也就是說「砲口的直徑爲四公分的一種連發對空武器」，四公分砲彈有多大？府上冰箱的雞蛋格，每格直徑四公分，這麼一比，您就知道這種砲彈的大小了。上一代還稱它是「高射機關砲」，美國則稱爲「輕高射砲」，因爲「高射」兩個字沿用日本軍語，何況這種武器高射平射一起來，專門對付低空目標，所以正名爲「防空砲」，簡稱爲「四〇防砲」。老臺北人對這種砲並不陌生，鷹式飛彈沒來臺灣以前，松山機場四周，甚至連總統府旁的臺灣銀行樓頂，都配備了這種砲擔任對空警戒，瘦筋筋的砲管仰天對襯著青空白雲，成爲臺北市的一景。

我對這種砲更是熟悉，打交道已是半世紀前的事了。它的設計與製造廠家是瑞典卜福斯（Bofors）公司。二次大戰以前，就受到世界各國軍方的重視。我國在抗戰前建軍，防空武器大多來自德國；直到一九四一年前後，才由蘇聯援助了一批自波蘭擄獲的四〇砲，我們在學生時代，出操便使用這種波式四〇砲。

這種砲構造精良，故障極少，只要裝彈不斷，連發順暢極了。我們當時受訓，對這種砲的兵器了解很透徹，分解結合十分拿手。曾記得李挹芳上尉分隊長（四〇砲教官）隨堂考試的一則申論題，題目是「試述四公分高射機關砲之自動發射原理」，答案寫滿整整一頁十行紙，十幾項零件的作用都說得明明白白。

到抗戰末期，國軍又分別接收了美式四〇砲，還有加式四〇砲（有護鈑），製造的國家不同，可是兵器的設計則一，足見它受人喜愛的程度，並不分國別。至於是不是付了瑞典專利費，那就只有天知道了。

一九五二年，我赴美國德州防校入學，美國彈藥充足，我們用這種砲對空對地打了個夠，少說一個人也打了幾百發砲彈吧。當時韓戰方殷，美軍戰地的四〇砲沒有空中目標，對地作戰卻有豐富經驗。因此校方課程中，對空對地射擊同樣注重。

在我來說，四〇砲對地直接射擊不算鮮事，可是對地間接射擊卻使我開了眼界。校方課程中運用野戰砲兵射擊方式，由前方觀測員修正射彈，依據射表，以象限儀裝定仰度，射擊成果很不錯，四〇砲彈道低伸，用這種方法也可以在遠後方的掩蔽後進行射擊了。不過使用

作者 1948 年 11 月在北平擔任四〇防砲排長

這種方法，要靠射表計算尺，我在校中書店一口氣就買了十把回國，帶回臺灣教學生。

我在防校當教官，譯了輕中兩種防空砲兵的射擊學與戰術教材施教，但我最最滿意的，便是把四〇防砲兵器的技術教範（TM, technical manual），完完整整譯了出來。

那冊 TM9-252，美軍原書出版是我在美受訓的那一年（一九五二年）五月，回國後譯印的第一批書籍中，就有這冊「美國 M2A1 輪架、M3 砲架、M1 四公分高射機關砲」在內。一九五五年三月，中文版譯成出書，距原文書問世不到三年，算是很快的了。書的前面，由當時的空軍總司令王叔銘上將寫了序，「……闡述極爲詳盡，正適用於我防空部隊及學校研習參考，務請有關人員善爲運用，以充分發揮是項武器之性能。」

那本書十六開，三百十二頁，五十五萬九千字，對這種砲的兵器作用及原理，有詳細說明。哪怕這種砲有空運用的 M5 砲架、雙管聯裝的 M19 與 M42 砲車，但砲身結構則完全一樣。由於我們曾對這種兵器下過苦工夫，各種零件名稱、作用非常熟悉，所以書雖厚，翻譯起來卻如行雲流水一般，沒有甚麼困難。書出版後過了一段時候，我問到防校受訓的學員，打聽一下防空部隊官兵對這本教範的感想，他們認爲極爲實用，兵器名稱毫無隔閡；這才使我有了回饋的眞正滿足與快樂，也奠定了一生治譯的興趣。

這種砲對空射擊使用曳光榴彈（HE, high explosive，不能譯成「高爆彈」），砲彈一出砲口，瞬發信管因自轉的離心力而使含有引爆劑的離心盤對正撞針，碰到了東西便炸，如果飛行中沒有撞及物體，砲彈後面的曳光劑在燃燒十二秒後也就自行引爆。所以這種砲使用曳光榴彈射擊，仰角高於兩百米位（砲兵術語，一圓周不用三百六十度，而以六千四百「米位」計算，兩百米位約十一度），砲彈都不會落到地面，在空中就自爆了，落地傷人的事絕無僅有。

這種砲彈後面裝的曳光劑，可以使砲手看到彈道而修正射擊，曳光劑燒完即行自爆，這是彈藥設計上的一大進步。較四〇砲爲早的德造三七砲，它的砲彈則信管與曳光劑各自爲政；五十年前我當學生時搞怪，曾經溜到砲廠，摸出一發三七砲彈，卸下彈頭，把曳光劑管旋下來，豎埋田裡，引火點燃曳光劑，就像國慶放煙火般那麼紅光刷刷沖天十幾秒，十分壯觀。可是四〇砲彈我們卻不敢「玩」，因爲它的曳光劑與黃色炸藥相連，搞不好轟然一聲，小命就沒有了。

根據四〇砲射表，曳光榴彈由於曳光劑而限制了射距離，水平距離與射高都在六七千公尺以內，爲什麼小金門實彈射擊，砲彈竟飛到了廈門？

我們這些「老鳥」判斷，可能使用了另外一種彈種——破甲彈。四〇砲是全世界火砲中的長青樹，時逾一甲子都還沒有退休，實在由於它的性能「有夠好」，對空對地能一把罩。而對地面目標射擊，尤其應付登陸艇與輕裝甲車，破甲彈最相宜，破甲彈具有摧枯拉朽的貫穿力，但卻不爆炸，因此它的射距離，仰角在七百米位時可達九千公尺遠。這種砲配備在小金門，當然有破甲彈，砲手裝填時一個不留意，把對地的破甲彈當成對空的榴彈，射向又轉了個一千六百米位，就出了紕漏了。

這次「流彈傷人」誠屬憾事，希望以後不再有這種事發生。不過也使後方同胞知道了外島有這麼精良的武器把守，「雞蛋」大的砲彈竟能轟出上萬公尺遠，對外島防務具有充分的信心。而我們這些伏櫪的老驥，在「多病故人疏」之餘，忽然聽到了這消息，五十年來的無言戰友四〇砲，老當益壯還在為國服役，雖在如雲的新武器中，沒沒無聞備受冷落；想不到一次偶然的人為失誤，眞個一砲而紅，成了國人注意的焦點，令人十分興奮。

——一九九四年十一月廿四日「中副」

抗戰史上空軍漢口大捷

我們是一個歷史悠久的民族，卻也是一個善於遺忘歷史的民族！拜讀《聯合報》〈民意論壇〉「積谷山，湮滅的歷史」一文，所感嘆的不僅僅只是打敗仗的歷史消失了，連打勝仗的歷史也都湮滅無聞。

我在一九九九年翻譯《荒鷲武士》一書中，大爲驚喜地發覺，一九三九年十月三日中午，駐漢口王家墩機場的日本陸海軍軍機兩百多架，突遭我國空軍轟炸機十二架奇襲轟炸，幾近全殲。記載出自日方身與其役的一位日本飛行員，這種第一手資料自屬信而有徵，彌足珍貴。可是在我們抗戰一代的人心中，似乎未曾聽說過。我是一個業餘的歷史癖，便想把這一段歷史挖出來講清楚、說明白。

抗戰初期，我國空軍使用蘇聯 SB 轟炸機的，有四個大隊，空軍名將孫桐崗、徐煥升都擔任過大隊長。蘇聯志願隊則只有兩個轟炸大隊，除飛行以外，指揮、情報、航炸、部分地勤、後勤都是國軍。漢口一役，便是中蘇雙方的一次聯合作戰。

全世界近代各次戰爭，都不難發現外籍兵團，遠如美國獨立戰爭中拉法葉的法軍；清代太平天國戰役中，李鴻章麾下英國戈登的常勝軍；即令我國抗戰，初期的德國軍事顧問與末期的美國飛虎隊都是。所以漢口一役是國軍的一次大捷，戰史上，戰果僅次於日軍奇襲珍珠港。現在，我國的「檔案法」立法完成，更有助於對這一戰役作更深的發掘了。

我將有關這一戰役的〈漢口大捷五十年〉拙作，寄給北京東廠現代史研究所一份，附寄了一份當年的新華日報，以示那次勝利，並非國民黨所杜撰。

我找出了一九三九年十月四日的中央日報、申報、大公報、與新華日報，都載有這一役的大字標題報導；反而在戰史記載上，日本記載確定有這一次轟炸，但卻把我方轟炸機減爲八架，當然日機的損失也草草帶過。而我國的記載，只有國史館的《中華民國史事紀要》，記爲九架轟炸機，戰果不詳；而吳相湘的《第二次中日戰爭史》，號稱歷史鉅著，卻居然隻字未見。

我上書空軍總部、參謀本部、甚至向蔣仲苓部長陳情，最後在中華軍史學會大會通過議案下，方獲得空軍總部首肯，提供了一些資料，才使我在一九九九年十月四日，寫了那次轟轟烈烈的一擊。

《傳記文學》四七九期，刊出楊秀然先生「一頁不爲人知的中國空軍對日大戰果」一文，使我至爲感奮，「不容青史盡成灰」，研究六十三年前我國空軍「漢口大捷」一役，吾道不孤，終於有了同好。我們天各一方，自不同的角度切入那次戰役的史實，所得的結果一致，相得益彰，令人鼓舞。我稱該役爲「中國空軍的台兒莊大捷」，指出在戰史中，以一次轟炸殲滅敵機之多，除一九四一年十二月七日珍珠港一役日機炸毀美機二百三十架以外；遠遠超過一九四四年六月二十一日，德國空軍夜襲波塔瓦機場，炸毀炸傷美國B-17轟炸機七十三架的一役，漢口一役戰果之豐，在二次世界大戰戰史中，高踞第二把交椅。

然而，楊先生深深喟嘆「（那次戰役）國人中鮮有人知，空軍戰史上亦沒有顯要的記述。問了幾位七八十歲的空軍朋友，都好像不知道有這麼一個輝煌戰役，它一直沉歷史的壺底中，從未見天日。」

楊秀然先生與我，都在無意中發現抗戰史上這次大捷，不約而同，都由於閱讀到二次大戰日本零式戰鬥機飛行員坂井三郎的敘述，引起了研究的興趣。只不過楊先生看到的版本為坂井的回憶錄；而我則是根據馬丁凱定（Martin Cardin）寫坂井的傳記「Samarai！」，而且加以迻譯，我譯該書書名為《荒鷲武士》，全書三六七頁，二十八萬四千字，由九歌出版社在一九九九年十月出版。

或許我知道這一戰役的時間比楊先生略先，早在一九九五年五月二十九日，便已買到坂井三郎英文版《武士》，但直到三十四年後才譯成付梓。但也就幾乎在出版這本書時，我將坂井所說的「漢口機場遭敵奇襲」一段，撰成〈漢口大捷六十年〉一文近萬字，在一九九九年十月四日到七日，在《青年日報》副刊上刊載。

由於我譯過美國名記者雷恩（Cornelius Ryan）《最長的一日》《最後的一役》與《斷橋遺恨》三書，深深受他文筆的感染，知道雷恩寫的歷史，對當代及後世讀者的影響，超過了艾森豪所著的《歐洲十字軍》；就像羅貫中的《三國演義》影響後世，超過了陳壽的《三國志》一般。我寫〈漢口大捷六十年〉一文採取了文學的筆法，虛擬實境，將那次戰役融合史料寫就，其中人事時地物，除少數低階官兵人名以外，都確有根據。

楊秀然先生文中，提到抗戰初期，蘇聯提供飛機援華，但卻沒有提及派志願隊來華訓練及參與作戰的史實。當時蘇聯爲了本身的利益，一如西班牙內戰，德國與蘇聯各支持一方，供給人員與飛機，爲的是在實戰中測試本身的武器，研究對方的戰術與技術。當時我國空軍飛 SB-2 轟炸機的部隊爲第二大隊、第六大隊、第八大隊、第十大隊，還有蘇聯志願隊。根據空軍總部的記載，漢口一役領隊爲蘇方庫力申闊上校；通常出動轟炸，都爲九機編隊，但漢口一役，我卻否定了國史《中華民國史事記要》，與《日軍對華作戰紀要》指當時爲九架及八架的記載，而相信坂井三郎所說的十二架。因爲坂井當時就在漢口王家墩機場，以他飛行員的銳利視力（坂井自述「我天賦異稟，具有 3.5 的視力，連白天的星星也看得見。」）從地面目擊，以及駕機起飛追到宜昌上空，所見都是十二架，這是第一手資料，自以他的記載爲準。在楊先生文中，也認爲是十二架，與區區不謀而合，所見略同。不過拙文認定那是一次中蘇雙方的聯合作戰，在中國領土上，作長途飛行，領航的航炸員自應以中國空軍軍官爲宜。

「漢口大捷」一役，楊秀然先生奇怪「當時爲甚麼很少人提起，報告也沒有顯著的報導，筆者至今百思不解。」拙文則提出，當時十月四日重慶的《大公報》、《中央日報》、《新華日報》與上海的《申報》，都報導了那次作戰，並非一無報導。但對眞實情況，由於日軍

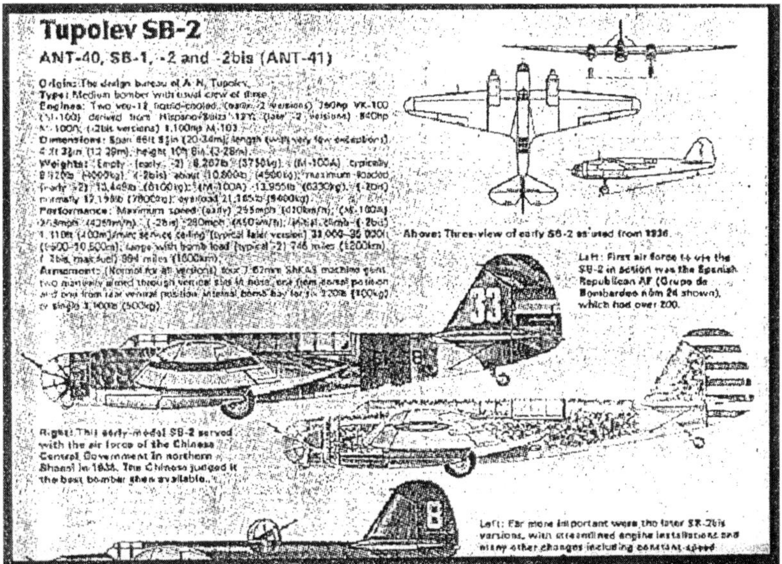

上圖為我國抗戰初期使用的sb轟炸機

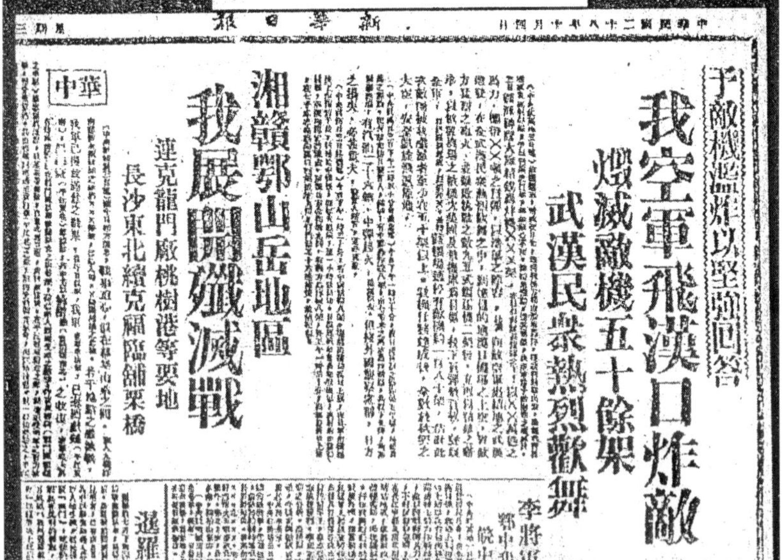

民國二十八年十月四日重慶《新華日報》

我空軍昨飛漢炸敵
向敵機場投彈數百枚烈燄沖天
被毀敵機逾五十架油庫亦起火

湖北我軍連捷
續克福臨舖栗橋兩要點

民國二十八年十月四日重慶《中央日報》

空軍出擊大捷
炸漢敵機場投如雨巨彈
敵機至少五十架成灰燼

民國二十八年十月四日重慶大公報

保密成功，不知道實際戰果，只能保守地宣稱「殲滅敵機五十餘架」。

至於當時及後來，我國對那次戰役何以很少提及，揣想雖則是中國空軍與蘇聯志願隊聯合作戰，但領隊是蘇聯空軍將校，爲了面子，不宜提及。但仔細研究，縱令飛行爲蘇方人員，但是志願隊來華作戰，支援他們的地勤、供應、修護等後勤工作，尤其是作戰策畫所倚的情報、領航，不都是我國官兵？實則舉世戰史中，哪一次大戰少了「外籍兵團」？美國革命戰爭中，沒有法國青年將軍拉法葉（Lafayette）率領法軍相助，華盛頓能獨立成功嗎？美國開國能以「法援」只能納入法國史嗎？我國抗戰後期，由陳納德率領的「美國志願隊」，何嘗不是外國的志願兵團？難道「飛虎隊」在華戰鬥轟炸的戰果，只能列入美國戰史？

國軍以及近代史史學家，對「漢口大捷」諱莫如深，主要在於一九四九年政府遷來台灣後，基於國策，對抗戰初期的俄援歷史一筆抹煞。而大陸方面研究抗戰史，自認抗戰是中共所領導，對抗戰中的「國民黨空軍」作戰，也幾近隻字不提。一九九三年十月八日，我應大陸社會科學院外國文學研究所之邀，赴北京訪問七天，離開的前一天，去訪問蘆溝橋的「中國人民抗日戰爭紀念館」。參觀完了，陪訪的中國人民大學專門研究對日抗戰史的武月星教授，問我有甚麼感想，我說：「好像空軍的資料少了一點。」在近萬坪的館址中，只有寥寥兩幅抗戰初起時幾架「霍克」驅逐機的海報，抗戰期中犧牲的萬千空軍烈士，他們爲抵抗強敵，血灑長空，粉身碎骨，難道不是中華兒女？在中國大陸卻不納入「國殤」，受不到後人的景仰，怎得謂爲歷史的公正？最近，大陸打撈了沉在長江的「中山艦」，爲中國海軍的犧

蓋棺録

ガイカンロク
Obituaries

第二次世界大戦で撃墜王として名を馳せた元零戦パイロット坂井三郎は、戦後は体験した戦争について語り、多くの著作を残した。

戦闘機どうしの空中戦では、先に相手の後尾に回り込んだほうが生き残る。坂井の零戦は、左斜め宙返りを行いながら敵機を誘い込み、突如、失速寸前の低速で極小半径の旋回をして、たちまち後尾に潜り込んで機銃射撃する。坂井だけができる秘技「左捻り込み」だった。

一九三八（昭和13）年の初陣以来、実に二百回を超える空中戦に臨みながら、大小の敵機を六十四機撃墜して敵搭乗員にも名を知られた。しかもこの間、僚機の部下を一人も死なせていない。

戦後は、印刷会社を始めて成功した。五三年に『坂井三郎空戦記録』を執筆。アメリカでも『サムライ』のタイトルで出版して絶賛される。終戦時に焼却を命じられながら、秘かに持ち帰った記録に基づく綿密なものだった。六七年に出版された自伝『大空のサムライ』はベストセラーとなり、数カ国語に翻訳される。

一九一六（大正5）年、佐賀県佐賀市に生まれた。青山学院中等部に入学するが、都会の暮らしに馴染めずに中退。佐賀に帰ると母親に「お前は負け犬だ。男ならこの悔しさを挽回してみろ」と激しく叱責される。

一時は、敏捷さを生かして競馬の騎手になることも考えたが、十六歳のときに意を決して四等水兵として海軍に入った。初めは戦艦「霧島」や「榛名」の砲手を務め、三七年に霞ヶ浦海軍航空隊の操縦練習生となる。

午前中は飛行訓練、午後は学科、夜は自習。テストにつぐテストで選別するという厳しい教育に耐えて、首席で卒業し恩賜の時計をもらった。「親父が死んだときにも涙は流さなかったが、このときは本当に嬉しくて涙がでた」

待っていたのは過酷な大空の戦場だった。中国を振り出しに、ラバウル、硫黄島などで終戦まで闘い続けた。「とにかく先手必勝を心がけた。いつも先手で仕掛けるので、相手はわけの分からないうちに撃ち落とされたと思う」

体は華奢に見えたが、子供のころから腕っぷしは強かった。強引な「左捻り込み」が可能だったのは、腕の強さゆえともいわれる。視力は三・五もあり、昼の星も見えた。たいがいは、発見されるより先に敵機を発見した。

しかし、「いちばん大きな要素は運だった」。空中戦で四度負傷し、三度までも位牌が作られたが、最後まで生き残った。四二年八月にはガダルカナル島上空で、敵の銃弾を二発頭部に受けた。マフラーで止血して四時間五十分飛び続け、ラバウル基地まで帰り着く。以後、右目の視力は二度と回復しなかった。

年を経るにつれて、ますます歯に衣を着せない発言が多くなった。「長生きしたのは、死んだ仲間に代わって体験を残すように天が私に命じているから」と語った。海軍での士官・下士官の激しい差別や、部下を死なして平気な上官への批判、さらに自爆を強制された生還兵の話を記録に残した。

九四（平成6）年には「命令を

《文藝春秋》中，刊載坂井三郎自述有過人的3.5視力
（謝謝豐原市張慶源先生提供）

犧精神，還了海軍一個公道；但是連我們自己，連漢口大捷那麼一次轟轟烈烈的光榮勝利與戰果，爲甚麼竟也少人聞問？

一般說來，我國空軍在台灣建軍，即以「守勢作戰」爲主，成爲建軍中心思想。五十年前，空軍在大陸雖有過美援 B-25「密契爾式」、B-24「解放式」轟炸機，也創建了不少戰績。但退居台灣，囿於國力與國勢，只有朝戰術空軍的方向發展；美國可以賣F-16乃至F-22戰鬥機給我們，但若要買已屆退役的B-52轟炸機，建立一支「境外作戰」的戰略空軍，門都沒有。是以我國空軍有盾而無矛。再加上歷屆飛行出身的空軍總司令，飛轟炸機的自王叔銘、徐煥昇以後，都是飛戰鬥機出身；何況當時漢口大捷的部隊長都非筧橋嫡系，當然一心只有戰鬥機勝利「六比零」的八一四了。因此「漢口大捷」便成了近代史上的又一個盲點，也成了中國戰爭史上的第二個鎮南關。

為胡宗南說幾句話

——評中央研究院近代史研究所劉鳳翰的「論國共三段戰爭」

一

一九九九年六月二十四日，「中華軍史學會」在台北市建國南路的台北市立圖書館十樓會議廳，舉行「國共戰爭史學術研討會」，這也是該會一九九五年成立以來的第五次學術研討會，而這次研討主題與我們這一代息息相關，會員無不懷有一聆究竟的熱切心情，想聽聽專家學人對這一攸關我國乃至世界的主題，有甚麼創見與新知發表。

這次研討會的第一篇論文，爲中央研究院近代史研究所研究員劉鳳翰的〈論國共三段戰爭〉，這個題目聽起來十分響亮，國共合合分分，反反覆覆，鬥爭了七十多年，史料記載汗牛充棟，而這一篇論文，卻只圖以三萬字表達，一定會提要勾玄，描繪出國共戰爭的特質與屬性，才能「識事評審，措辭精密，舉一隅以三隅反，告諸往而知諸來」，我們與會的人抱有很多的期望。

然而，聽了劉鳳翰的報告，閱讀了他的這篇大著，卻與唐景龍四年（七〇九）劉知幾《史通通釋》上述的四句期盼大有落差。通觀劉氏所作，資料大部出自大陸史書，一如一千三百年前劉知幾挖苦所說的：「既具錄他文，不知改易名性。」原文照抄，不注出資料來源，連看法觀點都襲用了對岸的主張。

劉文四十八頁，對共軍的戰鬥序列，記載特別詳盡（頁八、十、十三、十四、十八、廿六、廿七、廿八、廿九、卅）佔了全文百分之二十，而國軍則寥寥無幾（頁七、九、十二、廿），不成比例，在一篇敘述七十多年的戰爭史中，以四分之一的文字記部隊的番號，而不敘述雙方作戰經過，可謂浪費篇幅；文中小部隊的損失倒是寫得詳盡（如頁十一「營連長以下傷亡官兵三百餘人」），而大部隊作戰卻一筆帶過（同頁，「陳誠主力三師，損失慘重」），更是本末倒置。

歷史有史書行文的文字，軍事有軍語規格，劉文卻隨著彼岸史學家敘史，用上情緒化的語言，「國軍皆是被共軍追著跑，已『兵敗如山倒』矣！」（頁四三）「共軍以『疾風掃落葉』之勢，占領全部大陸及海南島」（頁四四）。我在評論中提出，「這種文字幸災樂禍的語氣，不像出自台北南港近史所，而出於北京東廠近史所。」劉鳳翰能否認嗎？

史學家不懂軍語，情有可原。但劉鳳翰卻是穿過兩尺半的（頁卅四「筆者服務於陸軍第四十三師」）——所以區區問他，作戰只有「攻、防、追、退、遭」，怎麼可以誣「逃跑的有黃杰、李彌等人」；黃李二將如果打敗了隻身飛台北，我們在史書上，當然可以記他們「棄職潛逃」。但他們卻是義不帝秦，率領了部隊且戰且卻，全師而退，避入異域的緬甸及越南，比起向中共「起義」與「投誠」的吳化文、傅作義、陳明仁輩，高過了萬倍，怎麼能在中華民國國軍軍史會上，說他們「逃跑」；這種誣蔑，劉研究員是何用心？

國軍在大陸失敗的原因很多，「前人之述備矣」，劉鳳翰在「結論」中，也只不過是老生常談，拾人牙慧，並無創見，使我們非常失重。

二

但劉文中最最使我們詫異的，他對國共鬥爭七十多年中，國府黨軍政大員該負失敗責任的數以千計，他卻諉之於天，根本不提。

他認爲「大陸陷共」，這「一切的一切，是『人爲』，還是『天命』，實在難以定論。」文中他私自劃分派系，把「中央軍中造成以陳誠、胡宗南、湯恩伯三人爲首的三大軍系」卻又集矢於一人──胡宗南，痛斥胡「太無能」（頁四五），又罵胡「虛驕不實，指揮能力差，又受共諜包圍，所練之兵，多虛應故事，不堪一擊，故每戰皆北。」

倘若胡宗南果如這位「軍事史權威劉鳳翰」所說，這種大將死有餘辜，怎麼還能偷生人世，來台灣優遊林下？

「孔子修春秋，別是非，申黜陟，而賊臣逆子懼，是知褒貶之言，哲王所愼。」史學家臧否人物，下筆務宜愼重，一字之貶，勝於斧鉞。胡宗南在劉鳳翰筆下，竟成了斗筲之才，罪不容誅，要他負大陸失敗的整個責任；一個搞歷史的人「肆其筆端」，竟到了這種「厚顏」的程度，對一代名將橫加污蔑，使有血性之士都爲之髮指。他還敢在軍史學會上，自負滿滿，大言炎炎，要學會爲他的謬見作背書，好成爲歷史定論，以爲天下人皆不知史，俱不讀書，這種傲慢與偏見的惡形惡態，方今少有。

就在這次大會，與會的人人手一册《劉安祺先生訪問紀錄》，出自劉鳳翰的工作機關近史所，爲張玉法、陳存恭二位訪問所得。劉安祺便是胡宗南三顧茅廬求來的戰將，爲麾下七十八師師長，升五十七軍軍長，一九四四年夏靈寶戰役，劉以善戰聞名，激戰三天，打退了敵人；當年十二月，該軍又空運雲南霑益，阻止了日軍進攻貴陽。這是胡宗南「虛應故事，不堪一擊」的部隊嗎？

只是，張玉法有偏見，他與劉安祺談胡宗南，只談胡的走麥城失荆州，不談他的一生得意過五關斬六將的作戰戰功。胡宗南一九二五年自軍校畢業，東征升營長，翌年升團長，破孫傳芳，參與過龍潭之戰、中原大戰、一二八淞滬戰役，追徐向前入甘，所向無敵。後淞滬抗戰，升任十七軍團司令，即開府關中，在王曲成立軍校第七分校，下轄卅四、卅七、卅八三個集團軍。然而，他一生最重大最成功的作戰，即爲一九四七年攻克延安一役，那是國軍戰史上的光榮勝利，不但劉鳳翰不知其詳，在張玉法的訪問中也隻字不提。

對照國共雙方在延安戰役上的報導，證實果如劉文所言，胡宗南「受共諜熊向暉的包圍」，但可疑之點也有：

一、辛子陵著《毛澤東全傳》中說打延安是蔣下令；但《胡宗南年譜》卻說「公又密議進兵，搗其巢穴，乃蒙召見垂詢」，這一戰出於胡的主動。《年譜》成於六十九年，距蔣逝世才五年，此說應較可靠。

二、《年譜》中說，「二月二十八日，公偕盛參謀長（文）飛京」；辛文卻說「三月三日上午，熊向暉（共諜）隨胡宗南和參謀長盛文，乘飛機回到西安。」就事實判斷，應以《年譜》爲是。胡晉京謁委員長談進攻延安，要進出國防部各軍事機關，盛文自會同行；熊向暉當時只是文職機要秘書，不是武職侍從官，沒有同行的必要。

三、辛文說，胡「在三月二日找熊向暉，要他起草『告陝北民衆書』，而且把全套軍事計畫交他保存。」以胡的軍事素養，事有先後，『告陝北民衆書』擺明了要進攻延安，並非急需，犯不著在「攻擊日」前十一天在南京撰寫洩漏軍機；全套軍事計畫不交隨行的參謀長盛文，而交給機要秘書熊向暉，更有悖常理。

四、辛文說「三月三日，熊向暉一回西安，當晚就把蔣軍進攻延安的情報報告了延安，毛周比胡麾下將領早一個星期就知道了這個計畫。毛很高興的說：『這個熊向暉能頂十個師。』但卻只派六個旅兩萬多人『吸住胡宗南集團二十五萬人』。」毛澤東自誇一生不打沒把握的仗，他有了胡進攻的作戰計畫，還敢冒這個以一敵十的大險嗎？

五、如果辛文所說屬實，毛在「攻擊日」前十一天，就得到了進攻延安的計畫，居然還在窯洞裡不走，直到兵臨城下，才由彭德懷派人扶走，飯菜沒吃完，書也沒看完，菸也沒抽完，走得這麼匆匆忙忙。胡《年譜》中說，「毛窯洞中所吸茄立克香煙及所圈點之書籍，皆未收去。」證明毛倉皇離開，並非虛假。辛文中，把毛說得就像是西城中羽扇綸巾的諸葛亮，臨危不驚，只是也大爲驚嘆：「胡宗南的大軍來得好快啊！」如果有情報的話，那在這十一天中，幹甚麼去了？以「野百合花事件」「隔離審查」了很久的王實味，在延安撤出的那一天牢中遭槍殺，便是胡宗南用兵神速，使毛猝不及防的又一項證明。依據以上幾點證明，辛文中熊向暉向中共及時提供情報云云，可信度很低。

在國共七十年的「三段戰爭」中，除國軍六次圍剿以外，就以延安一役，使毛幾瀕於危，對中共首腦部門的打擊最大；這也是國軍從未有過的一次大捷，縱然沒有捕捉到共軍主力及毛周，但中共十三年的根據地卻一夕化爲烏有。這種遭到「犁庭掃穴」的慘痛經過，自是東廠最最不想多提的往事。而我們的劉大研究員逢迎「廠」意，加以淡化，談胡宗南只是輕描淡寫，「收復延安空城」，還足尺加一，極力矮化，馬上連加兩句，「部隊損失慘重，部隊損失慘重」。更進而張開眼睛說瞎話，「胡虛驕不實，指揮能力差，太無能」來抹黑，其抹殺史實的程度比東廠還要東廠。其實，劉文應該這麼寫：「收復延安空城，胡部全軍覆沒，胡部全軍覆沒」，才能證實他罵胡宗南的「每戰皆北」罵得沒錯。

此外他說胡「率數十萬人大軍由陝撤川途中，全部瓦解，實令人悲憤。」近史所出版的《劉安祺先生訪問紀錄》，大會人手一册，稍一翻閱，在頁二五一就知道所謂「幾十萬大軍」，根本就是無中生有；證之以大會當天最後一篇論文《國軍在中國大陸的最後一戰》，證明胡在當時無兵無糧捉襟見肘的窘態，「羅列跪在地下求情說：『何必呢，現在兵無兵，將無將，你走好了。』」這一段更足以證明當時胡麾下兵力的狀況。

四

劉鳳翰「指桑罵槐」，在這篇文字中大肆批胡，其實項莊舞劍，志在沛公；明罵胡而實責蔣，責胡「太無能」而影射蔣，如此庸將竟授彼大權，帶甲百萬，開府關中達十一年之久。其餘如「對非中央系部隊歧視、整備軍官、處理百萬僞軍不當、會打仗的將領不用、將領降共、共諜充斥」等等，雖非指明誰該負責，明眼人一看就知道劉批的是蔣，但卻沒有膽子寫出來。

就史言史，只要列舉事實，蔣並非不可批，他受的批還少嗎？軍史會也不是死硬派的大本營，會不加接受，但劉鳳翰用這種不批而批，以胡宗南一人爲國軍在大陸失敗代罪的羔羊，不顧史實，隨意貶斥，開會時踞坐睥睨，傲慢形諸於色，怎不引起會衆反彈。

大陸易幟，胡當然有部分責任，但他的韜略決不是劉文中所指責的如此不堪，歷史可以作證。在國軍上一代將領中，胡以身許國，治軍從未有逸怠之思，力行霍去病「匈奴未滅，何以家爲？」訂婚達十年，直至攻下延安，年已五十二歲方始結婚，戎馬倥傯，蜜月才三日，一生極少顧家。對上級交代任務，則一力奉行，絕不迴避。來台後以上將之尊，化名秦東昌赴浙海打游擊，突擊大陸大小三十九戰，隱姓埋名，只知報國，不以爲辱。

他身修家齊，生平不二色，解甲後家無餘貲，室徒四壁，忠勇勤廉，當世罕見，堪爲一代法。老部下劉安祺說他：「胡先生晚年非常清苦，他的住處還都是我在陸軍總司令任內爲他設法的，不然他飯都沒得吃。他的生活一向都很簡約，連一套好的西服都沒有，都是穿棉大衣；雖然當長官，八面威風，但吃飯向來只有四個小菜。」

劉鳳翰以胡爲攻擊目標，信口雌黃，認爲軍史會是三流學會，會員都是鴉鴉烏，隨隨便便炒點冷飯，揉和大量東廠史料，唬唬這些老的粗小的怯，挨了他的罵還要向他鼓掌，便可以由他大放厥詞，這一回卻踢到鐵板了。區區與胡非親非故，既非門人，更非部屬，只是一個業餘歷史癖；但認定這個世界應該有天理，講公道，痛心國軍一代良將，竟受到有東廠情結的三流史客糟踐，所以挺身而出爲胡辯誣。我對劉鳳翰這篇〈論國共三段戰爭〉文字，只有四個字奉送：

庸史爛文！

——一九九九年六月廿六日夜

巴頓突擊亨墨堡

二〇〇五年，舉世都爲第二次世界大戰勝利六十週年，舉辦了各種活動。後人讚美美軍巴頓將軍「用兵如神」（A genius for war），他在二戰中攻無不克、戰無不勝，但只因打過一次小小敗仗，損失了兩個裝甲連，卻引起後世史學家的評論。我研究巴頓，譯有《巴頓將軍傳》《巴頓將軍新傳》及《巴頓將軍戰誌》三書，達一百三十萬字。特在巴頓逝世六十週年時，報導這一役的前因後果。

一

一九七六年三月三十一日，拙譯《巴頓將軍傳》出版。最後一章的標題〈歸天有時〉引用《聖經》〈傳道書〉第三章第八節：「凡事都有定期，天下萬務都有定時；生有時，死有時。」隱寓了嗟嘆「將軍百戰死」。一九四五年五月八日，第二次世界大戰的歐洲戰爭結束，美軍戰無不勝的巴頓將軍，剛在十一月十一日度過六十大壽，竟以車禍遽然逝世。

巴頓評估本身對勝利的貢獻時自稱：「我可以這樣說，在整個戰役裡，每一次作戰，實際上我都被盟軍總部壓在下面。或許這是件好事，因爲我太過於性子急。然而我相信、也這樣覺得，如果准許我全力進兵，這場戰爭或許會結束得早得多，也會救了很多人的命。」他也反躬自省，在大戰中，自己所犯的唯一錯誤：「在整個歐洲戰役期間，我知道自己沒有犯錯誤，只除了沒有派一個裝甲戰鬥群攻下亨墨堡（Hammelburg）。否則的話，對我來說，我的作戰極爲滿意。」

任何戰爭，勝利的光環往往遮蓋了許許多多的錯失。巴頓所懊惱的一件事，只是沒有派一個兵力三千人的裝甲戰鬥群，進攻德境一處名不見經傳的「亨墨堡」，與他當時統率第三軍團麾下五個軍十四個師，兵力四十三萬人來說，比例上簡直微不足道，他卻爲甚麼單獨提及？

二

第二次世界大戰中，巴頓一家全員參戰，除開兒子喬治還在西點陸軍官校外，大女婿華特斯中校（John Waters）在英國擔任戰車營長，「火炬作戰」（北非登陸）中，隨「中特遣部隊」於突尼西亞阿蘭登陸；巴頓本人則率領「西特遣部隊」，在摩洛哥的卡薩布蘭加登陸；次女婿托頓少校（James Totten），後來在義境作戰美軍的第五軍團擔任步兵營長。

一九四二年十一月八日「火炬作戰」登陸作戰成功後，巴頓和華特斯兩翁婿只見過一面，十二月十日上午十一點四十五分，他到艾爾巴布（Medjez el Bab），見到了華特斯，他的一營戰車停在公路上。巴頓寫信給太太說：「我非常擔心他，怕他會遭切斷被俘，但我把自己的點子告訴他，如果非此不可的話，如何脫身。我非常以他爲榮，迄今爲止，他所作所爲是任何軍官中最好的，看來氣色很好。」但在二月十六日，華特斯的部隊裝一師，爲德軍在法國及蘇聯能征慣戰的裝十師及裝二十一師夾攻，越過凱撒琳隘口，橫掃突尼西亞一萬平方公里後被俘。

三月二日，巴頓得到消息後，精神深度低沉，知道「華特斯的那一個營遭到德軍八十輛戰車包圍，美軍四十輛戰車遭打垮了三十六輛，華特斯告訴全營官兵及步兵突圍，由他與一百五十名官兵在一處高地掩護退卻。後來，第二軍軍長傅瑞登以無線電告訴他投降，因爲無法救他，這是一項錯誤，但我希望約翰遵照；據裝一師師長哈蒙說，傅瑞登的生理及心理，都是一個孬種。」

巴頓在三月六日接任第二軍軍長後，想知道華特斯的下落，三月十日去視察部隊，便和軍墳墓登

美軍第三軍團司令巴頓將軍

記組談及這件事，他們在那帶地區搜尋，找不到華特斯的墳墓；那也就是說，華特斯尙在人間。三月二十日半夜光景，第二軍副軍長布萊德雷電話叫醒巴頓，唸一封無線電報給他聽，電文中說的翰華特斯已成戰俘，但卻安全。

因此，一九四三年二月，在突尼西亞凱瑟琳隘口一戰，對巴頓來說，是一項打擊。華特斯爲德軍俘虜，關在俘營中，一處換一處，從義大利轉移到波蘭，愈來愈向東移，華特斯中校在鐵刺網後，沒有加入這次戰爭。

華特斯被俘以後，最後到了波蘭中部接近蘇賓鎭（Szubin）的一處俘營，「盟總」三月九日得到消息，打電話給第三軍團參謀長格伊將軍，說蘇軍正向西挺進，德軍已將華特斯向西運。

俘營的待遇很慘，「突出部一役」在巴斯墩被俘的每一名美軍戰俘，才三個月都瘦了十三四公斤。營內早餐爲代用咖啡，沒有牛奶，也沒有糖；午餐爲稀粥和馬鈴薯，晚餐爲馬鈴薯、紅蘿蔔或者甜菜粥。

衛兵非常殘酷，逃走的戰俘便關禁閉。有兩名美軍軍官遭打死，一名因爲發放空襲警報時正在上廁所，營中規定遇有警報，戰俘要在兩分鐘內跑回營房，這名軍官在跑向營房途中，逾越了兩分鐘，衛兵便向他開槍。由於警報時間經常一次都幾小時。自此以後，准許警報時戰俘可以上廁所。第二名遭打死的美軍軍官，則是德軍警衛排長准許他上廁所，卻忘了通知衛兵。

三

一九四五年三月二十三日，第七軍團司令柏奇將軍（Alexander M. Patch）與巴頓會面，討論在萊茵河以東兩個軍團的作戰地境，他們達成了一項平和的協議。也許在這一次會面中，柏奇把德軍囚禁盟國軍官「軍官戰俘第十三之二營」（Oflag XIII B）的消息告訴巴頓，這個戰俘營座落在亨墨堡，挨近士文福（Schweinfurt），囚禁了「南斯拉夫皇家陸軍」的塞爾維亞軍官三千人，以及大多數在「突出部之役」被俘的美軍軍官約八百人，元月份剛剛到達營內。美俘士氣很糟，直到三月初，另一批美軍戰俘四百三十人從波蘭到達。美軍戰俘的指揮官爲古德上校（Paul Goode），副指揮官爲華特斯中校。

巴頓知道了華特斯可能在德軍「軍官戰俘第十三之二營」內，因而下了他一生事業中最引起爭論的一項決心。當天晚上，巴頓心中決定，要不顧一切去救華特斯。他便派第一次世界大戰的袍澤，那時正擔任侍從官的史狄勒少校（Alexander C. Stiller），因爲只有身邊的老史驍勇，其他的人都礙事。他告訴史狄勒說，會「派一個裝甲戰鬥群去救華特斯」，要史狄勒隨同出發去照料約翰。

三月二十五日，史狄勒少校在沒有打招呼下，到了裝甲第四師師部，新上任的師長霍格（William Hoge），也在那一天，接到第十二軍軍長艾迪（Manton S. Eddy）指示，編組一支

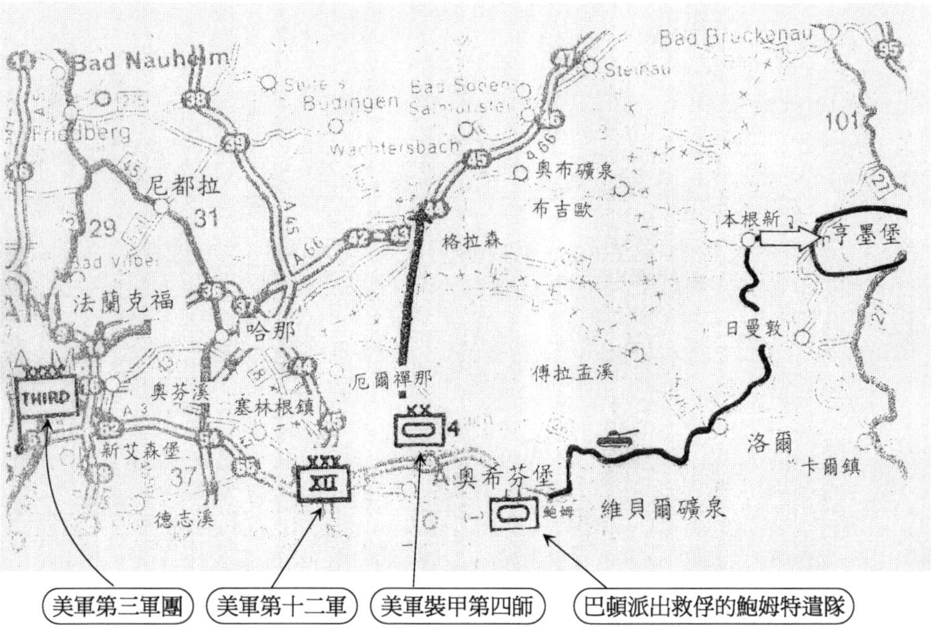

特遣隊，去敵人戰線後方六十五公里處的德軍戰俘營，霍格表示反對。

史狄勒來沒說甚麼，僅僅談進攻亨墨堡，他只不過「隨著走走」。可是以軍團司令的侍從官，置身在作戰任務中，怎麼只是「隨著走走」，顯然他跟隊另有目的。不安的霍格第二次向軍長艾迪提，艾迪回答說，巴頓由我來照料。

儘管艾迪和霍格不同意，巴頓乾脆通知霍格，哪怕勻不出部隊，也必須執行這項命令，而且說：「我答應你損失的每一個人每一輛車都補撥給你。」

對亨墨堡進行閃電突襲的這一案，巴頓的構想爲：以一個裝甲戰鬥群，約官兵三千人，戰車五十輛，以砲兵及其他支援部隊加強，進行突襲。由於霍格、艾迪兩人堅持用小部隊，巴頓只得准許將部隊削

美軍「薛爾曼式」M4A1 中戰車

減到兩個連。

他說了以後，車輛開始運轉，裝甲第四師第二裝甲戰鬥群指揮官艾步蘭中校（Abrams 越戰時升上將）奉令行動，由他指派遠征隊的隊長，起先選派裝甲步兵營營長柯亨少校（Harold Cohen），可是柯亨正患了痔瘡。巴頓親自觀察柯亨，想起拿破崙在滑鐵盧一戰中，由於痔瘡留在帳棚中，而不是在馬上指揮大軍因而大敗。便要指揮官另外派人，艾步蘭便派戰鬥群作戰官鮑姆上尉（Abraham Jacob Baum）擔任。

挑出來帶隊進行這次突擊的鮑姆上尉，布朗克斯人，從前在紐約市曼哈坦成衣區做衣型剪裁師，當時年方二十四歲，身高一八八公分，瘦長個子，留個平頭，一把亂雜雜的唇髭。

鮑姆特遣隊軍官十一員，士兵二八二人，外加史狄勒少校，共計二百九十四人，武器計有「薛爾曼式」M4A1 中戰車十輛、輕戰車六輛、M7B1 一〇五公厘自走砲三門、M3 半履帶裝甲車廿七輛，「鼬鼠」兩棲載重車一輛及吉普車七輛，共五十四輛，實際兵力爲一個戰車連與一個裝甲步兵連。

裝四師師長霍格便把史狄勒找來，他才知道特遣隊已編成了，問他有甚麼想法，他認爲出這次任務的兵力太少了，因爲去亨墨堡的路上，要過幾條溪流，預料該留下一些兵力在各橋警戒，可以使部隊回來時一路通暢，他認爲到亨墨堡，這支兵力夠勁，但要打回來卻不夠強。

問他爲甚麼冒著生命危險，參與他無關利害的探險，史狄勒打著哈哈回答說，他「找刺激」。

出發前，又有人問史狄勒爲什麼也在內，他答道：「因爲我認識華特斯，他家姑爺。」史特勒還輕聲輕氣解釋說，「老頭子」吃了秤砣鐵了心，要救亨墨堡的俘虜；也透露巴頓女婿華特斯中校，就在俘營內。

史狄勒然後到鮑姆上尉那裡報到，史狄勒是少校，軍階高於鮑姆。鮑姆懷疑爲甚麼他在那裡，史狄勒要這位上尉放心，他跟了去，只不過「找點刺激和樂子」，鮑姆便邀史狄勒坐他的指揮吉普車。

M7B1 105 公厘自走砲

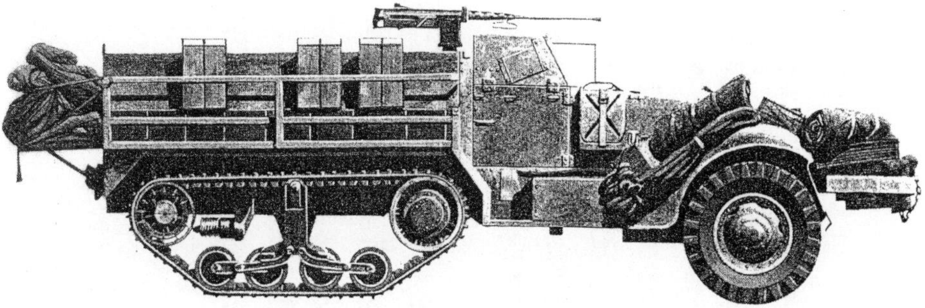

M3 人員半履帶裝甲車

四

一九四五年三月二十五日（星期六）午夜前，鮑姆特遣隊在凌晨的黑暗下，以及軍團進行對北面攻擊的混亂中，悄悄溜出奧希芬堡（Achaffenburg），亨墨堡僅僅六十五公里開外，車輛進行了三十公里安然無事，到了洛爾（Lohr），遭遇了德軍向西進行的一支戰車小部隊，鮑姆手下摧毀了十二輛戰車向前衝；不幾公里處，他們又打垮一列防空砲的列車。

戰後，鮑姆向以色列軍方英雄戴陽（Moshe Dayen）談到他那次突襲的戰術，上級命令他儘快前進，鮑姆便保持了特遣隊一直在進兵。「如果看見一名德國兵，」他命令部屬：「用上我們有的一切武器向所有方向打……」這項戰術奏效了，鮑姆說明：「我不曉得你在以色列怎麼幹，我建議你一遇到了障礙，就竭其所有向所有方向開火，機關槍、迫擊砲，總之你連打帶跑，連打帶跑。」特遣隊打到日曼敦（Gemunden），在鐵路調車場打垮十幾輛火車頭，那裡也有一座橋樑，卻有一支德軍小部隊防守，就在鮑姆面前，把橋炸掉了。

這一來得要向北面十公里的本根新（Burgsinn）繞道，鮑姆部隊解放了一處德軍戰俘營中的七百名蘇軍戰俘，他們侵入鎮內，闖進糧食堆棧和酒類倉庫，攪得天翻地覆；鮑姆把俘獲的兩百多名德軍交給他們。下午不久，鮑姆特遣隊穿溪越嶺，辦到了攻抵戰俘營，營址就在一處陡峭高地上像碗狀的平坡內，距離亨墨堡鎮大約五公里。美軍在這裡，以機槍對著空中偵察他們的一架德軍輕型機射擊。

德軍地區指揮部接到很多慌亂文電，報告鮑姆入侵；報告中誇大了他的兵力，有些說進兵部隊為一個師。但是那架輕型機的飛行員，證實了鮑姆兵力及位置，德軍便開始加以收拾。

當時認為完全是巧合，鮑姆部隊從西面來到時，德軍一個自走砲營可可地從東面進入亨墨堡，雙方展開火力轟擊，打了兩個小時，美軍終於轟出一條路攻向戰俘營。

戰俘營德軍指揮官決定投降，請美軍戰俘指揮官傳話給鮑姆，由一名德軍上尉、另有華特斯中校、美軍一名上尉、一名中

德軍「虎式」戰車驅逐砲

尉，四人志願擔任這項任務，他們這一小批人，手執白旗走出戰俘營時，沒料到一名德軍衛兵開槍，華特斯受了重傷。

這時，特遣隊壓垮戰俘營四周的鐵刺網，幾千名興高彩烈的戰俘蜂擁而出，圍住美軍車輛，這才知道營中戰俘幾近有五千人，光美軍便達一千五百人左右。

幾小時後，秩序恢復，鮑姆在自己部隊的戰車與人員載重車上，儘可能多載美軍戰俘，然後開始駛回奧希芬堡。然而德軍的自走砲營正埋伏等待，砲火齊放，把鮑姆特遣隊領先的戰車打垮，阻斷了美軍的回家路，大多數戰俘只得默默然走回戰俘營。

爲了避開德軍伏襲，鮑姆將部隊改向南面赫斯杜夫（Hessdorf）衝，快到午夜時才抵達那裡，又遭遇了調來攔截他們的德軍部隊。鮑姆把部隊撤退到一處高地，才發現已經受到包圍，他要部下把半履帶裝甲車中的汽油抽出來，分配給其餘的戰車，然後放火將人員載重車燒掉，狀況顯示出他們寡不敵衆，了無希望。鮑姆便把部下官兵集合在一起，告訴他們以三三兩兩的一批批，設法子回美軍戰線去。

三月二十八日曙色中，戰俘營高地上狼藉著打壞了的、冒著煙的戰車與半履帶裝甲車。鮑姆上尉腿上捱了一槍（兩天中的第三次傷）；巴頓侍從官史狄勒少校藏身在松林中，很快就被德軍放出搜他們的狼狗找到了。

特遣隊官兵回美軍戰線去的只有少數人，大多數都爲德軍俘獲，有些押往亨墨堡；鮑姆受了三次傷，也在其內；有些則押送紐侖堡，史狄勒便在其中。華特斯所受的槍傷，子彈打中他的左臂上部，傷及左股肉與直腸。全虧戰俘營中塞爾維亞的醫官，雖然缺乏醫療供應品，全憑紙綳帶及一把廚房菜刀，反覆在傷口排膿，救了他的命。在這次突襲中，鮑姆特遣隊的車輛全部遭擊毀或擄獲，官兵死九人，負傷三十二人，另外有十六人失蹤，斷定陣亡；至於想逃脫而喪生的美軍戰俘，則沒有紀錄。這一仗，鮑姆特遣隊全軍覆沒。

五

鮑姆特遣隊攻到亨墨堡戰營時，德軍營區指揮官決定投降釋俘，華特斯自告奮勇，幫德軍指揮官以全營投降，他兩手舉起走在德軍指揮官前面，不料卻遭藏身在樹籬內的一名德軍狙擊兵開槍打中。

「我覺非常難過，想到也許我造成約翰死掉，」巴頓事後十分自責：「但我深信自己做了件該做的事，在我有生之年，如果知道自己就在距九百名美國人六十五公里內，決不會不想任何辦法去救他們。」

一九四五年四月六日，也就是鮑姆特遣隊進兵九天以後，美軍第七軍團裝甲第十四師師長史密士少將（Albert C. Smith）的第二裝甲戰鬥群，解放了亨墨堡戰俘營。巴頓派了第三軍團醫務組副組長奧多姆中校（Charles Odom）去亨墨堡。奧多姆發現華特斯傷勢嚴重，巴頓便立刻派了兩架輕型觀測機，一架臨時裝了擔架，飛到亨墨堡，把華特斯空運到法蘭克福市。

華特斯明顯受到特殊待遇，使其他的傷患憤憤不平。同一樣傷重的鮑姆認爲，奧多姆沒有過問他或者史狄勒，便是巴頓不關懷他們兩人命運的充足證據。

自一九四三年初在突尼西亞以後，巴頓與女婿分別兩年多，一九四五年四月七日，才頭一次在法蘭克福市第三十四後送醫院中會見，華特斯的左鼠蹊部挨了槍，子彈穿過直腸，傷了脊椎。但心神卻有條有理，十分好奇，他問泰山大人的一件事便是：「您知道我在亨墨堡嗎？」

巴頓答道：「我並不知道，但以爲你或許在那裡。」

巴頓走運，隨軍記者不知道突襲亨墨堡這件事達十天之久，等到他們發生興趣時，由於羅斯福總統逝世而減消了。巴頓最初認爲，「亨墨堡事件」會被媒體炒作成第二次「掌摑事件」；及至後來他才斷定：「去他的，總統逝世，你可以當街搶劫，新聞不會超過第四版。」

巴頓在一次記者會上，揮舞自己的私人日記與軍團的作戰日誌，繼續刻意隱瞞亨墨堡出擊，聲稱他一點也不知道華特斯在亨墨堡戰俘營，直到突襲後九天才曉得。

「我們企圖解救那處囚營，因爲怕撤退的德軍或許會謀殺美軍戰俘。」在涉及那一次突襲的將校——裝四師師長霍格少將、以及第二裝甲戰鬥群指揮官艾步蘭中校、特遣隊指揮官鮑姆上尉、侍從官史狄勒少校，全都深信巴頓發動亨墨堡突襲，爲的是救他女婿。不過，他們尊敬巴頓，一律都保持沉默。一直到了一九六七年，事過境遷二十二年後，艾步蘭晉升四星上將，才道出史狄勒承認那一次他身與其役，「僅僅因爲巴頓將軍的女婿華特斯中校在俘營內。」

在官方來說，突襲亨墨堡根本沒有發生過。巴頓到醫院病床邊，探視領隊出擊的鮑姆上尉，頒給他一座懋積十字勳章時，他那種非個性的侷促不安，鮑姆便猜疑是一種掩飾手段。巴頓誇獎鮑姆：「你達成了一次了不起的工作，我一向都知道你是最棒中的一員。」極爲崇拜巴頓的鮑姆說道：「司令，您知道，我萬難相信您只會爲了救一個人，派我們出那次任務吧。」

巴頓離開以後，據鮑姆說，侍從官告訴他，特遣隊一舉已列爲最高機密，談到時要愼重。鮑姆認爲這就是說，他的特遣隊不會得到官方承認，他和隊內官兵都已經再度「摔緊」了。

巴頓沒有史狄勒少校的消息，一直到了四月七日，才知道這員忠誠的侍從官，有人見到他在被俘以前奮戰，遭德軍押解行軍到紐侖堡，以後便下落不明。五月一日，史狄勒才救了出來，人安然無恙，只不過瘦了四公斤。第二天便回第三軍團報到，巴頓接見他時淚水盈眶，才消除了心中沉重的罪惡感。

六

布萊德雷將軍在一九八一年所出的自傳《一位軍人的故事》（A Soldier's Story）中提到這件事：「那是一個以徒勞無功始，以悲慘不幸終的故事，」他對亨墨堡事件的看法，認爲是巴頓行動急躁的又一個例證：「對那件事，我沒有斥責他，失敗便是對他最重的懲處。」

但是，根據西點陸軍官校檔案〈布萊德雷文件〉，布萊德雷在一九七五年二月二十八日的回憶錄，有人問及那次襲擊，他還是很生氣，認爲自己受到了隱瞞，說道：「那件事我當時並沒發覺，直到他們已經出兵兩天以後才知道。有些新聞記者把這件事告訴我。我便問巴頓，他怯生生承認是他派的部隊，他清清楚楚明白，如果他要求我准如所請，我定會加以否決，因爲那是一件蠻幹的事，把整個部隊都損失掉了。而且他發誓不知道女婿在那裡，我卻有很好的理由相信他的確知道。那一仗根本就是一次驚人特技表演，假如他能救出女婿，那次襲擊就會上好多報紙的頭條；但我認爲打從開頭就注定了失敗，他作了一次有勇無謀的作戰。」

後便輪到盟軍統帥艾森豪將軍，向華府陸軍參謀總長馬歇爾將軍就這件事作了說明。當時他聽到巴頓的任意行動，非常震駭，但不打算爲他最近捅出的這次漏子造成問題，大戰已到結束的決定性階段，巴頓依然不可或缺。

艾森豪設法子報告馬歇爾而沒有貶斥巴頓，在四月二十五日的報告中，對這次事件持續以最明晰的語句敘述：「巴頓以追野雁徒勞無功的方式，派出一支小小遠征隊，力求解救一些美國戰俘。結果救回來二十五名戰俘，卻損失了整整一個連的中戰車及一排輕戰車。他對這項行動，愚蠢地進行新聞檢查，用意在爾後再提出，但卻忘記這麼做。現在經過已經發佈，我希望報紙不要大事渲染。雖則巴頓說是純出意外，救回的二十五人中，有他自己的女婿在內。」艾森豪對麾下這員虎將認識至深，報告中最後為巴頓一生打了考語，這項定論，可垂千古：「巴頓是一個問題兒童，但在追擊與擴張戰果上，卻是一員偉大的戰將。」（Patton is a problem child, but he is a great fighting leader in pursuit and exploitation.）

不過，從歷史因果的觀點來說，艾森豪對突襲亨墨堡也有一份責任；如果這位盟軍統帥在北非登陸後，一開頭逕直派認識二十多年的巴頓為第二軍軍長東進，而非認識不深的傅瑞登，便不可能有突尼西亞凱撒琳隘口的慘敗，華特斯也不致被俘。這員未來的四星上將，如果當時能在泰山大人巴頓麾下馳騁在歐洲戰場，定會為美軍立下輝煌戰功。

七

巴頓決心突襲亨墨堡一戰，上不見獲艾森豪與布萊德雷的許可，中則礙及友軍，撈過了界，興兵進入第七軍團的作戰地境；下則有第十二軍軍長艾迪與裝四師師長霍格的反對；更引起後世史家爭議，列為他一意孤行的「最壞」決心。

史學家評及這一仗其所以失敗為了無情報，史書形容巴頓此役為「在幾近完全黑漆漆中捅出一刀」。德境的紐侖堡與亨墨堡，當時屬於第七軍團的作戰地境，第三軍團靠的是一般交通使用的公路地圖，圖上只有經路而無地形。

更沒有料到的是：亨墨堡多年以來，便是德軍的訓練地區（迄今依然是），有三個兵科學校及一處兵站，援兵一呼即應。其中一所爲希特勒精兵「黨衛軍候補軍官學校」，一下便集結了久經征戰在受訓的三百名士官。還有一所裝甲兵學校，派出一個「虎式」戰車驅逐砲營，車裝的八八公厘戰防砲，可以在七百公尺外射擊命中，美軍七五公厘砲的「薛爾曼式」中戰車，根本不是敵手；空中偵察更斷定了鮑姆部隊的兵力與方向，德軍便四面埋伏，一舉擊潰，使得美軍的救兵與被救的戰俘，又重回了戰俘營。

儘管鮑姆戰後出書《突擊——巴頓的一項秘密任務》，（Raid, The Untold Story of Patton's Secret Mission）細數當年勇，向戴陽自詡自己的「打跑」戰術；後世兵學家則指這一役「指揮差勁」（the leadership is inept），這種輕騎突襲，應該「悄悄越野進抵目的地，幹完活便撤回（quietly driving through the country-side to their destination, doing the job, and driving home.）但這支部隊反而打草驚蛇去打火車列車，對遇到的村莊發動不必需的攻擊，哪怕到了大戰末期，太不把德國陸軍放在眼裡，完全不智，馬上便得到了必不可免的報應。」

六十年後，史學家終於有了證據，證實巴頓襲擊亨墨堡爲一兼二顧，既可救華特斯；但在第三軍團北進，要與第一軍團在魯爾地區合圍時，也可誤導德軍，分散它的兵力。

《巴頓將軍戰誌》（War as I saw It）中，在一九四五年三月二十六日記載：「這次出擊有兩個目的，一爲使德軍以爲我軍向正東前進，實則爲北進，次則爲解救在亨墨堡的九百多名美國戰俘。」

研究「突擊亨墨堡」的一位學者，強調此次用兵的成就：前德軍步兵上將奧勃斯特費德

（Hans von Obstfeldea）後來作證說，當時德軍認為在「鮑姆特遣隊」以後，裝四師會隨而進攻，便調動三個師的部分兵力到那一地區以對付這項攻擊。足見突擊亨墨堡果如巴頓所料，收到了以佯攻分散敵軍兵力的效果。尤其，鮑姆的部隊消滅了德軍的載重車、戰車、及輜重；攻擊深入德境，也打擊了敵人的士氣，在德國軍民間造成了恐慌。

八

在第二次世界大戰結束，也就是巴頓將軍辭世六十多年時，我們論斷他用兵這一次的小小失敗，毋妨自巴頓的人格特質著眼。史家認為巴頓的武德，「智、信、勇、嚴」俱備，後世評價的《二戰百傑》（The WWII 100）一書中，在二戰時的舉世偉傑中，他列名第十一把交椅，僅次於馬歇爾、艾森豪、麥克阿瑟，及杜立特，而高出了朱可夫、尼米茲、隆美爾、與蒙哥馬利，為二戰舉世名將中的佼佼者。但在「仁」上，「掌摑事件」與「突襲亨墨堡」這兩件事，證明他未見完備。

但自史實上來說，巴頓在作戰的數九寒天中，頻頻要求供應官兵熱食；要求後勤部隊，強調要將乾毛襪與口糧同時運往前方，以防士兵凍腳成傷；他講究軍容，但在寒冬也放寬對官兵服裝的要求；他頻頻視察前線，要官兵能見到他，行程逾一百六十萬公里；對官兵立功的勳獎也規定立即頒發，以鼓舞士氣，這是他愛兵如子的一面。但對自殘官兵則深惡痛絕，要加以「特別處理」（special treatment）。一九四三年七月西西里島戰役，他在一所後送醫院中，疑心一名士兵「拖死狗」氣得下手甩耳光。以東方的治兵傳統來說，將在外，君命都有所不受，統帥對麾下官兵，具有生殺予奪大權，連班長體罰班兵，也視同天經地義，軍中了不知人權爲何物，區區一掌，算不得甚麼。但在美國卻掀起軒然大波，幾幾乎毀了一員大將。東方人這才知道，西方民主政治中，選票與媒體交互乘積的力量，竟高於將帥疆場作戰的統御指揮權。

至於「突擊亨墨堡」這一仗，前後不過兩天，損折只有兩個連，雖說將帥應「視卒如嬰兒，故可與之赴深谿；視卒如愛子，故可與之俱死」，將更不可怒而興兵，但巴頓所救的不只是女婿，而是美國陸軍未來的一員四星上將；自古三軍易得，一將難求，從這一觀點來說，亨墨堡一仗獲得了成就。

一九九八年，柯林斯（Max Allen Collins）的小說《搶救雷恩大兵》，由史蒂芬史匹柏導演的電影問世，舉世從而認爲，爲了救出一名無藉藉名失蹤的傘兵，而犧牲一員上尉連長及一班士兵，爲軍人的大仁大勇；從這一觀點，美國後世應當慶幸巴頓甘冒天下的大不韙而對亨墨堡興兵，而不宜責難他徇一己之私犧牲部屬。

歷史家對這一仗的看法，也有了改變，從三十年前隱含貶意稱爲「亨墨堡事件」（The Hammelburg Affair），漸漸正名爲「亨墨堡任務」（The Hammelburg Mission）或「亨墨堡救俘任務」（The Hammelburg Rescue Mission），最近更定爲正式作戰名稱的「突擊亨墨堡」（The Hammelburg Raid），具見後世對巴頓六十年前的此役，已作出了公平公正的論斷。

參考資料：

Blumenson, Martin,··The Patton Papers 1885-1945.（Houghton Mifflin Co. Boston, 1974.）

Blumenson, Martin,··The Man Behind the Legend, 1885-1945.

（William Morrow & Co. New York.）《巴頓將軍新傳》黃文範譯，台北，黎明書局 1988

Collins, Max Allan,··Saving Private Ryan.（Dream Works, New York, 1998）

Carlo D,Este,··Patton, A Genius for War.（Harper Collins, New York, 1995）

David, Saul,··Military Blunders.（Robinson, London, 1997）

Eisenhower, Dwight D.··Crusade in Europe.（Doubleday, New York, 1948）《歐洲十字軍》國防部史政局譯印，1953

Farago, Ladislas,··The Last Days of Patton.（Berkley Books, New York, 1981.）

Farago, Ladislas,··Patton.黃文範譯《巴頓將軍傳》（台南大行出版社，1975）

Hirshson, Stanley P.··General Patton.（Harpen Collins Books, New York, 2002）

Hogg, Ian,··Patton,（Bison Books, London 1982）

Province, Charles M.··The Unknown Patton.（Hippocrene, 1983）

Patton, General George S.Jr.··War as I Knew It, (Houghton Mifflin Co.) 1947 黃文範譯，《巴頓戰誌》國防部史政編譯局 2006

Puryear, Edgar F.··19 Stars.（Random House, New York, 1971）

Ripley, Tim,··Patton Unleashed.（MBI St. Paul, U.S.A. 2003）

Rohmer, Richard,··Patton's Gap.（Beaufort Books Inc. 1981）郭功雋譯，《諾曼第戰役巴頓缺口之謎》，國防部史政編譯局，1984

Yenne, Bill,··Operation Cobra.（Pocket Books, New York 2004）

——二〇〇六年一月二日至四日，台北市《青年日報》副刊

平反東條英機

——東條英機的孫女爲乃祖平反，孝心可嘉，但歷史的證據，卻不容後人爲他的犯行狡辯。

一九九八年五月二日，《中國時報》的國際新聞版，報導「平反東條英機，日本暗潮洶湧」，內文提及東條的孫女岩波裕子女士聲稱乃祖冤枉犧牲，一力爲他平反。裕子女士這項行動，堪稱是當代緹縈，孝感動人，値得敬佩。但若說「日本侵略亞洲犯下一些最殘暴罪行，他也沒有直接參與，如從蘆溝橋事變到南京大屠殺發生時，他正在東北和蒙古服役……」企圖爲東條開脫戰爭啓釁的責任，卻是徒勞無功。歷史的證據確鑿，東條英機正是操縱蘆溝橋事件的「藏鏡人」。

大放厥詞　躍躍欲試

東條英機爲日本陸軍士官學校十七期生，一生發跡始於「滿洲國」。一九三七年三月一日，他繼坂垣征四郎出任關東軍參謀長，意氣風發，不可一世。六月七日便大放厥詞說：「如果我們的軍事力量許可，應當先對南京政府予以打擊。」過了兩天，他向陸軍省意見具申：「如果由日本方面主動（向支那）謀求親善，則徒然助長其排日、侮日態度、故毋寧說是有加以一擊之必要。」他這種躍躍欲試的態度，對六月中日本當局考慮撤消殷汝耕的「冀東自治政府」一案，決然加以反對，使得那次能和緩中日危機的唯一機會，就此胎死腹中！我曾喻爲「這件事是他的第一根棺材釘。」

蘆溝橋事件發生在一九三七年七月七日夜間，第一聲槍響爲二十二時四十分，日軍步兵第一聯隊準備對宛平城攻擊爲七月八日凌晨四點二十分，攻擊發起爲五點三十分。

千里之外　下令動武

然而，遠在一千公里以外長春的關東軍，八日天亮便由東條英機主持（而非司令官）舉行幕僚會議，軍參謀立刻作成「狀況判斷」。下達用兵動武的決心：

「因蘇聯國內正展開整肅異己及內鬨，無暇顧及對外，北方暫時無安全顧慮，實際應給冀察軍閥狠狠一擊，以消除背面之威脅。」

華北發生局部事件，中日當局都力謀就地解決，雙方都沒有用兵的預謀。日軍陸軍的參謀總長與海軍軍令部長都休假出國；中國財政部長孔祥熙與海軍總司令陳紹寬都滯英未歸，便足以證明。而且，華北事件與「滿洲國」關東軍何涉？日軍在蘆溝橋發起攻擊不到三小時！千里外「新京」的關東軍便大舉出兵，東條英機這種神速用兵，不愧「剃刀」之名，能說這只是偶發的處置，而不是一項預謀嗎？

神速用兵　並非偶發

要爲東條英機平反，撇清他沒有掀起中日戰爭的人，都該想一想這種「銅山東崩，洛鐘西應」的快速反應，中外古今戰史上，都從無這種迅捷用兵的例子。

當時，「滿洲國」獨立自成一「國」，關東軍憑了什麼插手本身軍區以外的事件？爲了遮掩師出無名，居然在七月九日日本在瀋陽所辦的華文《盛京時報》上，套紅加印聲明，十分突兀：

關東軍當局發表聲明
嚴重注視事態之推移

（新京急電）關於在華北豐台附近第二十九軍之暴虐，關東軍當局，自事變發生以來，嚴肅監視事態之推移，于本（八）日午後八時十分，發表如下聲明：

「起因於暴戾之第二十九軍之挑戰，如今在華北發生事端，關東軍保持多大關切與重大決意，嚴重注視事態之推移。」（注：日本戰史則將「暴戾」二字刪去，欲蓋彌彰。）

盛京時報歷史證據

報紙上今日的新聞，便成爲明天的歷史，這份《盛京時報》，忠實地記錄了東條當時立刻以「暴虐及暴戾」加諸二十九軍，咄咄逼人，不容坐視的態度，躍然紙上；裕子女士爲乃祖訴冤時，應該看看這份報紙，思索其中的含義。

或許有人認爲關東軍挿手蘆溝橋事件，負責人應爲軍司令官獨腿的「童眞將軍」植田謙吉大將，植田爲人沈默，終生未得大用；東條英機卻扶搖直上，一直升到總理大臣。而他發跡則在一九三七年三月一日，到翌年六月十八日一年三個月關東軍參謀長任內，今日若說他與中日戰爭無關，歷史的證據卻全然相反。

——一九九八年五月十八日（新聞鏡）

國際新聞 10　　中國時報

戰時首相是惡魔？是凡人？

平反東條英機　日本暗潮洶湧

孫女著書喊冤　東映新片附和　批評者譴責扭曲歷史

【本報綜合報導】二次大戰後被盟軍以戰犯審判並絞死的日本戰時首相東條英機，一直被認為是個好戰分子。但半世紀以後，隨著日本逐漸興起的民族主義，為他平反的聲音開始出現，如他的孫女岩波裕子聲稱他冤枉犧牲，且附和者眾，包括一部即將上映的電影。

據亞洲華爾街日報報導，岩波裕子為祖父平反的努力，始自八年多前。當時，她打開一個放置祖父遺物的陳舊紙盒，深受感動，開始執筆描述他一生令人同情的一面，並協助出版他一九四六到四八年坐牢期間所寫的詩文。

她的努力顯然沒有白費，還獲得愈來愈大的回響，有人甚至拿出巨款資助拍攝這個角度的電影。這電影由東映公司出品，名為「尊嚴，命運的瞬間」，由著名老牌影星津川雅彥飾演東條英機。津川在影片殺青後表示，盟軍對東條的罪犯審判不過是「戰勝者的報復審判」。

這電影，顯然不論在日本國內外，都將引起爭議。許多日本人已認為岩波裕子是一個介於騙子和危險分子間的人物，即使代表東映電影公司員工的工會，也連聲譴責這部把東條形容為一個維護日本尊嚴者的電影，有意掩飾日本的軍國主義歷史，否認日本的侵略行動，扭曲歷史事實。

但不可否認的，電影凸顯了日本最新流行的一種觀念，也就是日本政府毋須再對二次大戰行為採取修好的態度，官員沒有必要再像最近幾年那樣巡迴亞洲向各國政府道歉，學校教科書應該修正，輿論對日本戰爭角色應採較溫和的觀點等。

批評者最擔心的也就是這點，他們認為改變東條歷史形象並不重要，重要的是有人企圖假借紀念東條，展現更大的政治理念。如岩波裕子就希望藉由祖父形象的再造，重新思考日本和戰爭。她說：「讓人們了解東條的本來面目，就是讓他們了解日本的真相。」資助拍攝這電影的一家公司負責人中村功，也持同樣想法，他還出錢資助推動修訂教科書的團體。

亟思為東條平反者認為，許多日本和其他國家人民把東條和希特勒、墨索里尼並列為惡魔，並不恰當。有些歷史學家也有同感，因為東條的權力絕對還稱不上是個獨裁者，也絕不曾像希特勒和墨索里尼一樣，在自己周遭形成一個小團體。一九四四年塞班島被攻佔後，他甚至無法繼續當首相。

而日本侵略亞洲犯下的一些最殘暴暴行，他也沒有直接參與，如從蘆溝橋事變到南京大屠殺發生時，他正在東北和蒙古服役。即使如此，他是極力主張對美英開戰的人，一九四一年偷襲珍珠港時他任首相兼國防大臣。

東條英機一九四八年十二月廿三日被處決前，他的遺願是不希望家人對外界對他的戰爭領導角色和個人批評，有任何回應。他的家人謹守此訓四十多年，直到一九九〇年岩波裕子打開了佔領軍交給他們的一個紙盒子。

她的母親一直把這個盒子放在家裡神龕上供著，禁止任何人碰觸。岩波以為是祖父的骨灰，直到她與母親打開盒子後，才知道是祖父最後遺物，包括二支二頭削尖只剩一小段的鉛筆、最後一支香菸的煙屁股、一個手製菸嘴、一束頭髮和二塊宗教飾物。

岩波說這盒子是祖父自己在獄中做的，盒蓋裡寫著東條獻給長孫的俳句。岩波說：「當我看見這些東西，哭泣不已。大家都只知道祖父的政治面，我從這些東西發現了他的人性面。」

她開始著手撰述東條的一生，一九九二年出書，以東條要求家人不可出言為他辯護的訓令為書名—「我的祖父東條英機—不准談他」。她形容東條在戰爭扮演的角色，受時空影響大於個人野心。此書目前出版平裝本，在日本銷售量達七萬本。六十歲的岩波表示已收到數千封信，大部表示同情。她說，利用出名機會，已籌募到七萬六千美元，希望有天能在日本建造一間二次大戰陣亡者的紀念堂。

原刊五月二日中國時報國際新聞版

華兵暴戾對日軍行不法射擊

對操演中之日本軍 華兵橫加射擊

該事態推移頗堪注目

【天津八日急電】七日夜十一時四十分許、華方廿九軍、對在豐台操演中之日本軍、橫加射擊、八日午前四時、兩軍仍在對峙中、駐豐台日本軍、當即派遣軍使前往交涉、要求道歉、若廿九軍到底堅持不遜態度時、須斷然膺懲之、現待機中、事態頗堪重視、

【北平八日急電】駐豐台日軍部隊一個中隊、七日夜、舉行夜間演習時、在蘆溝橋附近、受華軍數十發之不法射擊、日軍立即中止演習、除偵察情況外、旋向華方部隊長要求嚴重謝罪、至該不法射擊之中國兵、爲冀治安所部之第三十七師、

蘆溝橋事件惡化 日華兩軍現交火

【東京八日電】北平蘆溝橋事件、竟至最惡場合、在龍王廟附近之日華兩軍開始戰鬪、双方發出之迫擊砲、步兵砲、機關槍、步槍、聲音殷殷響及北平內、八日午前六時、兩軍猶互相激戰中、

日軍占據龍王廟而繳械

【天津八日電】駐華日軍司令部、八日午前九時半發表、駐豐台日軍部隊、對華軍之不法射擊、擬開始嚴重的交涉、約一千米之龍王廟華軍、八日午前五時半、再開始不法射擊、擊退之、占據龍王廟、並對蘆溝橋之華兵、目下實施繳械中、法挑戰行爲、將斷然促其反省云云、

宋對冀察電令善處

……彼方法、迄午與否、朱會晤及、

蘆溝橋城內華兵 揭白旗表明無抵抗

【北平八日電】蘆溝橋城內中國兵部隊、於八日晨七時半駐屯多數中國兵、在龍王廟附近、與抵抗日軍之部隊、取密接連絡、而第三十七師於冀治安、爲避免日軍轟擊、特命令絕對不許抵抗、因之、該城內在城頭高揭白旗、表明毫無抵抗之意志、刻下蘆溝橋城門緊閉、似有恐慌不出戰之狀、故民宅亦緊之蘆溝橋城內尚未恰何等擴大、

秩父宮兩殿下 御滯歐御動靜

【倫敦六日電】秩父宮殿下、今夜十一時半、自倫敦約……

日皇御採集 海中微生物

華兵退却

【又電】在龍王廟……抵抗之中國軍、……時、已……逃回蘆溝橋兵……

戰線對峙

關東軍當局發表聲明 嚴重注視事態之推移

日華兩軍現交火 （新京急電）

天津北平間 電話完全不通

和知參謀 由津赴現地

事態似不擴大 推移如何繫於華軍

日外務當局

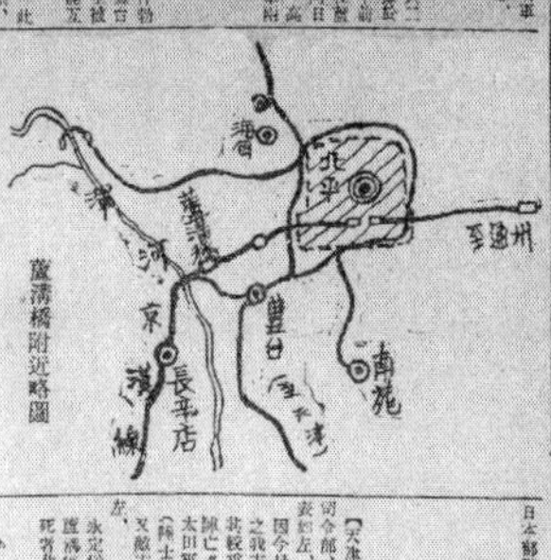

此次事件企圖 攪亂冀察

戰鬪未熄

日華交戰之損害 駐華日軍司令部發表

日本部隊、當即急赴現地、與一個聯隊、共同嚴重監視中國一兵之態度云云、

【天津八日電】華北駐屯軍司令部、午前十一時三十分發表如左、

因今晨中國側不法射擊所生之我方死傷、共達十數名、其較重要者如左、

陣亡〃與內准尉、（三九）太田軍曹、受傷〃野地少尉（陸士四十七期出身）

又敵方損傷、得以目擊者如永定河左岸上七八名、蘆溝橋東側死者十數名、死者共達二十餘名、又上述之……

之與內准尉、係剣道四段、爲活躍熱河作戰之勇士、武勳赫赫、自去年十一月以來、歸任爲豐台部隊附、其將來頗爲有期待者、

日陸軍省俟詳報 協議對策

【東京八日電】關於蘆溝橋事件、八日朝、陸軍省接到公電、陸軍中央部、期待現地軍當局之處置措置、而關於事件之詳報到來、定行協議對策、……事態擴大、或爲不明、而鑒於最近中國側排日的空氣釀成之實狀、有無發展、或更呈發展、亦未可知、推移極爲重視、……

不法越境置諸不論 反而提出抗議

不可測度之蘇聯態度

關於蘇佔據乾島案 華報評論之敷衍

【天津七日電】……與從前國境紛爭不同、大會時……

蘇聯肅黨工作 愈趨尖銳化

【柏林七日電】……

【莫斯科七日電】……

大橋在日廣播 「歐洲旅行之感想」

【東京八日電】大橋第一氏定八日午後六時、……以「歐洲旅行之感想」爲題、……

將西國革命政權 承認爲交戰團體

近衛首相希望 實業界之協力

【東京八日電】近衛首相、……

德國竟成功 人造皮革

【柏林六日電】……

蘇中執委 開第四次……

【莫斯科七日電】……

廣田外相 答訪阮大使

【東京七日電】廣田外相、七日下午二時半、……

法極東艦隊 司令長官來橫

【橫濱七日電】……

對不干涉委員會 艾登會見各使節

【倫敦六日電】艾登外長、六日上午……

關於耶亞……美人……

【紐約七日電】……

台灣模範省的由來

我自一九九九年七月起，到二〇〇三年四月止，承譯國史館的《一九四五年至一九五〇年美國國務院台灣密檔》，據該館電腦統計，在這三年十個月中，一共譯了一百六十五萬九千零八字。對一般人視同「斷爛朝報」的史料迻譯工作，竟能維持這麼久，便由於我屬於那一個時代，對當時的一些史實資料，多多少少目歷親經，具有濃厚的興趣所致。記得一九四八年冬隨軍來台，當時的東南軍政長官兼台灣省主席陳誠，爲了整飭軍紀，雷厲風行，以軍法迅即槍決了一名壓死台灣老百姓的軍車駕駛，對三軍收到了很大的震撼效果，迄今記憶猶新。但直到我翻譯《密檔》，才在台北美國領事館向國務院的報告中，找到那件事的日期。

一九四五年台灣光復，由於備經戰火，滿地瘡痍，百廢待興，政府施政以善後救濟應急，全力建設優先。根據政府公開的聲明中，行政院長張群曾在一九四八年，提出「建設台灣爲中國的模範省。」一般認爲他秉承了蔣主席的指示；隨後的省政主持人，也莫不以模範省建設爲目標。但是依據《國務院台灣密檔》中的史料記載，最先提出這項主張的是蔣夫人。

蔣主席要建設中國模範省的省份，原來屬意四川。一九四五年九月三日，抗戰勝利，國民政府於一九四六年四月，自陪都重慶還都南京。四月二十七日，蔣主席在成都中央陸軍軍官學校新生社，宴請川省耆宿紳學黨政軍民各界領袖等二百四十一人，向抗戰八年輸財輸糧征兵征工貢獻最大的四川省同胞道謝道別。爲了崇功酬德，蔣主席在致詞中，兩度提到「本人已經命令行政院，指定四川爲建設的示範省。」「我們要完成四川的建設，使四川成爲全國建設的模範省。」

然而蔣夫人的想法，因爲一九四六年十月二十二日到二十七日，她隨同蔣主席，初度訪問光復的台灣，對這個小而美的寶島，有極爲深刻的印象而作了改變。

當時，台北的美國領事館，領事布雷克（Blake）與副領事葛超智（George Kerr），在一九四六年十月卅一日，以第二十四號文，向南京美國大使館司徒雷登大使，呈出「一九四六年十月份台灣政治發展報告」中，便提到了這件事：

「十月二十二日，蔣主席暨夫人，自南京抵達台北，在本省北部及中部稍作勾留外，於十月二十七日飛回大陸。

十月二十五日，在慶祝中國收回台灣治理的一週年，蔣主席在台北的慶祝大會致詞。晚上，台灣行政長官公署主辦酒會，本領事館美籍館員也都受邀與會，他與夫人接見了本地政府要員外；也對美國協助遣返日本人表達謝意。

在蔣主席會見後，蔣夫人邀請美國領事館團體和她聊聊，在長長的談話中，她道及蔣主席和她，對台灣農業及工業發展的程度，以及日據時代，達成老百姓生活水準相當

To the American Consular staff Madame Chiang made her usual remarks about dear orphans, designed to show her interest in little children and good social works, but added — when we spoke of Formosa's wealth — that she would like to be Governor of Taiwan for ten years.

蔣夫人在對美國領事舘人員的談話中，按照她以往的作風，談到無依靠的孤兒來表示她對於兒童及社會福利工作的關心。但當我們談到台灣的富庶時——她加上一句話——她說她願當十年的台灣省主席。

葛超智在《被出賣的台灣》一書中，揑造蔣夫人的文字及譯文

高的證據依然存在，印象至爲深刻；蔣夫人就大陸存在著的條件並不良好，作了爲數眾多的比較。她說，她樂於有機會，使台灣成爲中國的模範省……」（Madame Chiang…remarked that she herself would welcome an opportunity to make Taiwan the model province of China.）

蔣夫人的這一番話，如果說在翌年二二八事件，或者一九四八年國府撤退來台以後，那便會爲人認爲具有安撫台灣同胞的用心而「何足爲奇」。然而，這卻是她首度親眼目擊了這裡的美好山川、農工建設，以及人民生活水準，有意使台灣地位經由建設提升爲其他各省標竿的由衷之言。她並沒有偏袒，提到想以出生地故鄉海南島、生長的上海市、夫婿的浙江省爲模範省市。足見她第一次見到台灣的美好品質，爲時雖只四天，卻款款情深，情見乎詞，而在整整六十三年前的歷史上，留下了首創「建設台灣爲模範省」的

主張。

可是美國副領事葛超智，參加了光復節晚上與蔣夫人談話，會後他自己向國務院作出報告。但在他後來所著《被出賣的台灣》（Formosa Betrayed）一書中，卻絕口不提模範省的談話，反而說：「我們談及台灣的富庶時，蔣夫人樂於任台灣省主席十年。」（When we spoke of Formosa's wealth-that she would like to be Governor of Taiwan for ten years.）以彰顯第一夫人私心的貪婪。

葛超智卻萬萬沒有料到，六十年後，一九四六年的國務院檔案解密，當時他自己擬的報告問世，打了自己一個耳光，拆穿了他後來的誣蔑謊言。足證書中所說蔣夫人志當「十年主席」，並非眞情實事，而是十足的揑造。使得《被出賣的台灣》一書中，不可相信的衆多章節中，又多了一項。

湘南行

——詩文之靈，靈如山水，令人讀一遍如遊一遍，讀數遍如遊數遍，正如從來大隱高士，能藏身不能藏名，名不能藏，身亦如見者矣。

——明 易三接〈零陵山水序〉（註）

一

二〇〇五年十月十一日，我自臺北飛抵長沙，享受一次秋訪故鄉之樂。近年以來，湖南省各方面都在進步，尤其省會所在的長沙，建設上更是突飛猛進，一年一個樣，風光大不同，通衢大道的高樓峻廈，連雲而起。這次更發現所有小弄僻街的巷道，路面都鋪實平整，見不到污泥穢水。湘江邊的風光帶，更是一道美麗的園林，遙望江中橘子洲，洲上的居民都已遷走，整個河洲綠化成爲一個大公園，鬱鬱蒼蒼一片濃綠，襯映出碧浪滔滔的江水，在三座湘江大橋下緩緩北流，使人神怡心曠；聽說這個湘江風光帶，不以長沙市湘江邊的二十六公里爲滿足，更要向南延伸到湘潭與株州，這是何等氣魄的大手筆。

風光帶上最近甫落成的「杜甫江閣」，三樓翼然，古香古色；附近地上，有多塊花崗石碑，雕刻了書法名家所寫杜工部在湖湘所作的九十四首詩。省政協主席文選德，更在九月作了〈杜甫江閣記〉以誌感：

「唐大歷四年（七六九）間，戎馬關山，殺氣猶盡；人物稀貧，懷詩人千年永寂之哀，辭白帝城，入洞庭湖，流落湘天楚地，寄居星沙孤舟，把卑濕之地暫作晚年栖惶之所。

於時於地，杜陵野老，親朋無一字，老病無依歸。朝登舊驛之樓，不嘆扁舟之臨風浪；夜醉潭州古酒，唯傷凡馬之亂江湖；落花時節，重逢故都舊友；湘春故園，兩見客居新燕；奔波岳潭衡來，放歌九十有四；終老異鄉而未返，寢於平江安定之野。悲哉。

夫少陵一生，未嘗一日不以民瘼世亂爲念，愁窮憂苦之詞，哀生憤世之語，直道當時，足爲詩史。謂之忠君愛國，每飯未忘；傷世憂民，畢生不改；德高行範，奉爲詩聖。

越一千二百餘年，長沙市府揚古風幽情，乃于湘江風光帶上杜公舊游之地，聚今日之良才，仿盛唐之舊制，構築杜甫江閣。觀之：閣高樓重，影織遙帆；飛檐走龍，櫛比鱗次；雕梁畫棟，耀眼流金；詩賦書畫，豪氣大觀。實紀念之勝地，輝增前賢；遊覽之美景，澤被後世。往者留芳，來者同行。

今日閣既成，主事者囑余爲文以紀之也。時二〇〇五年九月文選德撰」

「記」中提到杜甫，「終老異鄉而未返，寢於平江安定之野。」指明詩聖墓地就在湖南，使我分外驚異。後來查閱湖南省文史資料，果然不錯：

杜甫墓，湖南有兩處。一在平江縣小田村，唐時爲昌江縣治中縣坪近郊，屬岳州巴陵郡。清李元度《杜墓考》：「旅殯岳陽，此平江縣南三十里所由有杜墓也。」又，清張岳齡《杜工部墓辨》：「唐大歷五年（七七〇）庚戌秋九月，檢校工部員外郎杜公子美，將由湖南歸秦，舟中患風疾泝汨汨羅以至平江，家貧無以給喪，終不克歸葬，遂占籍爲平江人，至今稱杜家洞也。」杜墓爲磚墓，圍高一公尺，直徑二點六公尺，一室二耳，碑刊「唐故左拾遺工部員外郎杜文貞公墓」。清光緒九年（一八八三年）立，附近有村莊名杜家洞及杜家祠，多爲杜姓世居，及杜甫後裔，爲守杜墓而定居於此。另耒陽縣杜甫墓，在原杜陵書院（今耒陽縣第一中學）內，碑鐫「唐工部杜公之墓」，係衣冠塚，爲「宋景定□年（一二六〇至一二六四）縣令王禾刊立」；但卻比平江墓有名，因爲民國二十九年，當時的省主席薛岳，還立了一塊「重修杜公墓碑記」。

二〇〇五年五月端陽詩人節，在「屈子祠」盛祭屈原，但豈可冷落了長眠在平江的「詩聖」？長沙市在風光優美的湘江邊修「杜甫江閣」，便是湖南繼岳陽「懷甫亭」以後，作出紀念這位偉大詩人的第二步。

二

開放以來，我還鄉十次，每一次都偕親人探勝尋幽，以彌補分隔四十多年的想念與思慕。以長沙爲中心，東赴瀏陽拜清末維新六君子之一的譚嗣同故居；北去岳陽樓，一覽煙波浩渺的洞庭湖；西訪奇峰叢嶂的張家界，與芳草鮮美、落英繽紛的桃花源；近探有王者氣的韶山沖；上南嶽衡山祝融峰；登鳳凰縣的中國南方長城……對故鄉山水，總有止不住的好奇與想望。

這次還鄉，卻能有機會赴湘南一遊，遍歷各文化勝地，更是喜不自勝。湖南省文化廳四位離退休的同仁，身體健康，活力旺盛；他們趁著秋高氣爽季節，要偕夫人一起休假到南部一遊，去看看他們多年來苦心開發培育的文化景點，怡情養性之外，更有「凡揮汗播種的必歡呼收穫」的成就感，心靈上得到藉慰，這卻是一般遊客精神上享受不到的。

此行他們四對伉儷：李鐵可黃果翔、孫淵王平、王宇紅汪瀅、高岳森蕭金，共乘一輛兩千二百西西的休旅車，司機爲閻劍波，我則有幸忝附驥尾，追隨四皓之後，一行十人，作了這次往返行程一千多公里的湘南遊。

十月十六日早上八時，我們從長沙市興漢門留芳嶺出發，使我目睹親經目前大陸無遠勿屆的高速公路；沿京珠公路南下，大道坦坦蕩蕩，一望無涯，只有兩個收費站，車在如矢的馳道上飛奔，也很少見到速率限制牌（實際上大陸高速公路限制最高速度爲每小時一百公里），可稱暢快之至。

湖南省境的高速公路，與台灣的高速公路相比較，無分軒輊，最大的不同，路上沒有方方正正的貨櫃車而貨運車多。幾年前我見過，大陸公路上以六輪貨車載運煤炭紅磚鋼筋水泥建材爲主力；而今卻都是捆紮嚴密行駛長途的十輪、十四輪、十八輪、甚至二十二輪的大貨車，宛同巨獸長龍隆隆於途；小客車不及台灣多，但卻都是美德日韓名廠的新車，我們車邊刷刷掠過。

漫漫長途中，談談笑笑，我談到十次還鄉的經驗，以前的八九次上街，人人注目，從衣著上看，都知道是外來客；現在上街無人理會了，大陸人的衣著十分新潮，相形之下我很「土」；但能與人群融合，相忘於江湖，感覺上非常自在。善談的王平女士，也提了兩則順口溜，說明今昔情況的大不同、一則談社會制度：

「毛主席帶給我們鐵飯碗，
華國峰說要加滿，
鄧小平要砸爛鐵飯碗，
江澤民說我不管，我不管。」

使人莞爾；至如形容各時代男女青年談戀愛，更是令人絕倒：

「五十年代一前一後，
六十年代並排走，
七十年代手牽手，
八十年代抱著走，

九十年代口對口。」

談談笑笑中，快近中午，這才發現車走過了頭，走向耒陽方向了；連忙調頭，向西沿「衡(衡陽)昆(昆明)高速公路」駛向祁陽。歷史上，以「水之北」的陽爲地名的太多了；國軍以「陽」命名的驅逐艦，始自「丹陽」，止於「瀋陽」，便達三十二艘。湖南便有岳陽、瀏陽、衡陽、祁陽、耒陽、麻陽、桂陽、邵陽、益陽，足見居住「陽」地多麼受人歡迎。但我認爲，「陰」地雖少，卻出大將之才；歷史自古以來的常勝大將，卻都出在水之南的「陰」縣：淮陰的韓信、湯陰的岳飛，還有湘陰的左宗棠，便是明證。

三

車到祁陽，中午由文化局朋友款待，他們知道了我是台灣來客時，有一位女士(舍妹交代對女性不稱「小姐」。後來我才知道她是永州市文化局局長王一冰，人稱嫦娥，美如其名，豪爽不讓鬚眉)，便說道：「台灣的陽明山，抄襲了湖南的名山大名。」

這種說法使我詫異！就我所知，台北的陽明山原名草山，一九四九年，蔣公下野後抵台灣，即駐節草山，還被人在報上罵他爲「草山衰翁」。他成立訓練團，勵精圖治，爲了尊崇明代大儒王陽明「致良知」的哲學，改山名爲陽明山，迄今已六十年；這還是第一次聽到原始的陽明山竟在湖南。

王局長說：「一九三八年，蔣介石在衡山主持作戰會議後，曾經到過湖南的陽明山，欣賞該地山水之勝；後來退到台灣，仍然念念不忘，所以就將草山改爲陽明山了。」

這一段話聽得我將信將疑，便問道：「是祁陽的陽明山嗎？」

「不是，是零陵的陽明山。」

第三天，我們駛往九疑山舜帝陵，車行途中，我果然看到左側一座雄矗的石牌坊，形狀古樸，並非現代所立，上面橫坊刻有「陽明山」三個隸書大字。車行迅速，一瞥即過，看不到車道深處的山水勝景，但眼見爲眞，王局長所說的確沒錯。回到台北，我翻閱《中華人民共和國分省地圖集》，湖南省地圖上果然有「陽明山」，標高一五三〇公尺；這更使我俯首認定，不錯，這是事實；陽明山的本尊在湖南零陵。

王元弼〈名勝記〉載陽明山「山在黃溪之尾，離（永州）城百里，嘉靖間，有僧秀峰焚修於山間，今爲秀峰道場。山多峭石花木，固其所產也。山向陽，故以是名。」

四

祁陽的勝地爲浯溪，而發現及創造浯溪之美的爲元結。

唐代的元結，河南人，字次山，世家子弟，年輕時浪蕩不羈，到十七歲時才折節向學，天寶十二年（七五三）舉進士。安史之亂時，他曾向唐肅宗上「時議」三篇，認爲人主治國必以「誠信」，「與人權位，信而不疑；渴聞忠直，過弗憚改。」「能令必信，信可必矣。」「任天下賢士，屏斥小人，然後推仁信威令，謹行不惑。」這些話深得肅宗之心，說「卿能破朕憂」。

代宗時，元結拜道州（今道縣）刺史，請准免當地人民所負租稅及租庸使；又爲人民蓋房舍，給田地，免徭役，使因戰亂流亡的萬餘人歸鄉，《新唐書》說他「身諭蠻豪，綏定八州，民樂其教，至立石頌德。」是一位親民愛民的好官。只可惜五十多歲便逝世了，但他的恩澤，後世不忘，常詞《修浯溪記》便說他「去此五十年，而里俗猶知敬重。」

元結對後人最大的恩澤之一，則爲開發浯溪。他就任道州刺史時，官舟溯湘江南上，經過祈陽；看到這裡的奇崖碧水，十分喜歡，後來即住在溪畔。當時這條溪水還沒有名稱，他便說這是「俺的溪」，成爲「吾溪」，再在吾旁加上三點水，創名「浯溪」；高台則命名爲「峿台」；建亭爲「𢈤亭」，合稱「三吾」。他又自號「漫郎」，稱自己的居屋爲「漫郎宅」，可見詩人浪漫的一面。

浯溪邊峭立的懸岩，早在漢代，便有人刻字留念，迄今已達五百零五塊之多，楷行草隸篆，諸體皆備，美不勝收，形成大陸罕見的碑林。

浯溪摩刻中，最著盛名的便是〈大唐中興頌〉了。元結在上元二年（七六一年）撰；到大歷六年（七七一），請顏眞卿書寫，鐫於岩壁。摩刻高二八四公分，寬三百公分，每一個楷體字字徑爲十五公分，是顏碑中最大的字體，方嚴正大，端莊雄偉。由於岩奇、文奇、字奇，史稱「摩岩三絕」，遊客絕對不可錯過。

頌文四字一句，三句一韻，共十五折。逾一千二百年，到現在有些字雖已漸遭風雨侵蝕，

浯溪摩刻顏眞卿書的《大唐中興頌》

大體上還可辨認；不過拜讀時，雖是由上而下的直行，卻要從左向右讀。頌文共三三二字，本文含序爲二六六字。刻文中間所留的空白，爲表示尊敬的「抬頭」。

大唐中興頌並序

天寶十四年（七五五），安祿山陷洛陽；明年陷長安。天子幸蜀，太子即位於靈武；明年，皇帝移軍鳳翔，其年復兩京，上皇還京師。於戲！前代帝王有盛德大業者，必見於歌頌，若今歌頌大業，刻之金石，非老於文學，其誰宜爲。頌曰：

噫嘻前朝，孽臣奸驕，爲惛爲妖；邊將騁兵，毒亂國經，群生失寧；大駕南巡，百寮竄身，奉賊稱臣；天將昌唐，繄睨我皇，匹馬北方；獨立一呼，千麾萬旟，戎卒前驅；我師其東，儲皇撫戎，蕩攘群兇；匡復指期，曾不逾時，有國無之；事有至難，宗廟再安，二聖重懽；地闢天開，蠲除袄災，瑞慶大來；兇徒逆儔，涵濡天休，死生堪羞；功勞位尊，忠烈名存，澤流子孫；盛德之興，山高日昇，萬福是膺；能令大君，聲容澐澐，不在斯文；湘江東西，中宜浯溪，石崖天齊；可磨可鐫，刊此頌焉，何千萬年。

元結在頌序中說「非老於文學，其誰宜爲？」這並不是自誇，他在永州及道州，也有諸多詩文，計文十五篇，詩五首，僅次於柳宗元的文二十七篇，詩二十首。但他是道州刺史，有實權作事，也眞做了很多事，柳宗元則爲閒職的永州司馬，無法施展長才。當時，書法大家顏眞卿不但慨允元結之邀，恭楷寫〈大唐中興頌〉，後來更作〈次山銘〉以頌故友：

「次山斌斌，王之藎臣，義烈剛勁，中和儉勤；
炳文華國，孔孟寧屯，率性方直，秉心眞純；
見危不撓，臨難遺身，允美令德，今之古人；
奈何蔽賢，素志莫伸，郡士立表，呑聲涕零。」

元結在「正色立朝，剛而有禮」的顏魯公筆下，獲得「允美令德，今之古人」的讚許，得來不易；祈陽人對他雖然只立碑豎像而沒有立祠，但銘文與摩岩石刻大文，已可使他不朽了。

五

年輕時，讀過《永州八記》，對遠在湘南的西山、鈷鉧潭、袁家渴山水之勝，心嚮往之；在〈捕蛇者說〉中，對永州的野產異蛇「黑質而白章，觸草木盡死，以齧人，無禦之者。」更是留下深刻的神秘印象。這次眞正到了永州，由於遊訪時間的限制，不能印證那些勝水佳山，但能南來一飲「異蛇酒」，得謁「柳子廟」，算是償卻了半世紀以來的一份好奇債。

柳宗元貶永州司馬（公元八〇五）十年，深受百姓愛戴，元和九年（八一四年）便爲他立生祠了，最先稱爲「柳子厚祠堂」，進深有三棟，由戲台、中殿、和享殿組成，深暗色的木構，戲台爲歇山頂，中殿與後殿則都是懸山頂，簷角飛牙，古拙樸實，一千兩百年了，至今依然保存完整。只不過歷代以來，名稱一再改爲「柳先生祠堂」，「柳司馬先生廟」和「柳司馬廟」，直到清光緒年才改爲「柳子廟」以迄如今。湖南永州人尊柳宗元的學術地位爲「子」，比廣西柳州人在公元八二一年，爲紀念他所建的「柳侯祠」，不但建廟時間早七年，廟名也高明，歷代尊「侯」，各朝都有，但能被後世尊爲「子」，可與老子、孔子、孟子、屈子並列的文學大家並不多。

使台灣來客不勝感慨的是：質樸良善的永州人，只因爲柳宗元在這裡，留下了詩文而千載追念，所立的廟，不論政權如何更替，「更郡守不知其幾，而莫之敢廢。」從沒有永州人批評柳宗元這個「老西」；「你不愛永州，吃永州米，喝永州水，來永州十年，連永州話都不會說，眞是笑話。」

臨走時，想買一册《柳河東集》，一如前年去鳳凰，在沈從文故居買《湘行散記》般，這才有紀念價值；如果能蓋上紀念章，注上日期，更值得珍惜了。誰知「柳子廟」只有幾册後人評論柳宗元的論集出售，也不備紀念章，蓋了一個戳記，劣質印泥在扉頁漫漶成紅糊糊的一片，十分可惜。

廟前橋下的潺潺流水，便是柳宗元將原名「冉溪」及「染溪」改名後的愚溪。一千二百年後，溪水依然「清瑩秀澈，鏘鳴金石」，只是當年勒石「以愚辭歌愚溪」的「八愚詩」，卻已渺不可得了。

六

二○○三年中秋節回長沙時，曾到瀏陽參訪了一天，對那裡的文廟宏偉莊嚴，十分讚賞。舍妹果翔原是省文化廳的文史工作者，二十年前，文化部文物局和上海文藝出版社，出版了《中國名人名勝辭典》，其中名勝部門的〈湖南部分〉，便由她執筆。她親身到過湖南各處名勝採訪，敘述的文字流暢謹嚴，左圖右文，使湖南史跡生色不少。這次出遊，她對各處景點，如數家珍，南下前，便作了行前教育，打破我的迷思，說：「湖南省最好的文廟在寧遠。」

對我這個少小離家的遊子來說，地理常識中只記得寧鄉，寧遠何在？茫無所知。以湘南偏僻的一縣，竟有全省乃至全中國最好的文廟，甚至可與曲阜孔廟相比擬，使我十分詫異，也充滿了好奇心。

我們在零陵，也拜謁了那裡的文廟，大成殿前的兩根雄偉石柱，殿內的宏偉藻井，繪滿了儒家典範的故事，彩色斑爛，筆力鮮活，都爲台北文廟所無的特色。然而，到了寧遠的文廟，這才證實舍妹所言不虛。

文廟的傳統，向南的正門只有天子駕臨或狀元還鄉覲聖才打開，所以台北大龍峒的文廟和寧遠的文廟，都從側門進入，一入廟門便感到園林極爲寬敞，心神爲之一暢；經過古色古香的泮池和雄矗的欞星坊牌樓，走過冗長的石道，才到了雄偉肅穆的大成殿。二十根五公尺高的灰色大理石蟠龍舞鳳石雕柱，頂起殿頂，高雕縷空的巨龍環抱柱體，栩栩欲活，手工精製的藝術價值，稱爲「全國古建築中所僅有」，無愧「國寶」。

寧遠文廟坐北朝南，進深達一〇八公尺，東西寬六十公尺，佔地一萬零二八二方公尺，這項規模，不論始建年代與保存完整，在大陸現存文廟中，堪稱數一數二了。

大成殿的兩側分別有登聖坊、步賢坊、騰蛟門、起鳳門、名臣祠、鄉賢祠、明倫堂（教堂）、尊經閣（圖書館）等建築，可在廟內受教讀書，自古以來，有文廟，便是處處有公營的學府，充份體現出我國儒家尊師重道以及有教無類的傳統精神。

各地文廟大都始建在郊區，可是到了後來，人口繁殖增加，民屋漸漸迫近，想到擴建便困難重重，台北文廟便是現成的例子，寧遠文廟也不能例外。但這次去，同行四老發現文廟西側雜亂的民居都已拆除，成了一片開闊的停車場，以容納各地前來謁廟雲集的遊覽車，都欣然引以爲慰。「二〇〇五年中國教育學會祭孔大典」，不到曲阜而來寧遠舉行，足見他們爲保存及修寧遠文廟所作的努力，從拆除廟內民屋安置攤販起，進行維修、改善了二十多年，一步步走來，現在已看到他們努力的成果了。

寧遠文廟的盤龍玉柱

七

九霄雲中，伸下一雙巨靈神掌，將北京紫禁城中的三大殿平空捧起，南飛萬里，輕輕安放在山水甲天下的桂林山巒間，巍然矗立的金瓦朱垣，在翠綠群山中，燦發神光；山迴路轉中，這一片宮牆殿閣，豁然呈現眼前，使人屏息。這就是我初睹九疑山前舜帝陵的感受。

寧遠不只以文廟名揚全國，縣南三十公里的九疑山舜帝陵，更撼動千千萬萬遊子遊客的心。這位以孝感動天，成爲中國人心目中無上楷模的帝王，也是天下爲公的最後一位統治者，他將華夏政權禪讓給賢能，司馬遷便盛讚「舜之德可謂至矣」，爲世人留下了無盡的景慕與思念。

這一帶獨立的山巒共有九座，分別爲「朱明」、「石城」、「石樓」、「蕭韶」、「杞林」、「桂林」、「舜源」、「娥皇」、「女英」、「女峰參差，互相隱映，望而疑之，故名九疑。」九疑山的所有山峰，都清一色朝向舜源峰，舜帝便安葬在舜源峰內，只是「只在此山中，雲深不知處」。所以，司馬遷所述「葬於江南九疑，是爲零陵。」零即無，以長沙話來說，便是「冒得（沒有）陵」，惟有漢代蔡邕所書的「帝舜有虞氏之陵」石碑還在，墓地雖闕如，後人即以這塊古碑爲聖跡，陸續修建舜陵宮闕。最近的一次，始於一九九三年三月二十五日，歷經七年，至二〇〇〇年完工；修復後的舜帝陵，恢復了明洪武年間的盛況。建築佔地五千平方公尺，建築面積三千多平方公尺，分成兩個自然院落，九個單體建築，三面築宮墻，宮墻外修有神道、金水橋、華表、翁仲、石獸等。其中主體建築正殿爲重檐廣殿頂，殿寬三十六點六公尺，進深十八點八公尺，檐設雙重斗拱，頂覆黃色硫璃，殿基爲須彌座，殿前月台由花崗石素面砌築，踏跺設雕龍御道，殿四周與月台有漢白玉石欄杆環繞，五十二根直徑六十公分的巨大石柱、木柱、龍柱、支撐起全高十八公尺的正殿，坐南朝北，金碧輝煌，極爲壯觀。

據考證，大舜的後裔達六十八姓之多，前十個大姓爲陳、胡、袁、姚、虞、田、孫、陸、王、車，而台灣的第一大姓爲陳。正殿前，便有陳立夫所送一幅手書的對聯：

「至孝千秋一德，
篤教萬里同風。」

雖然聯左的題名上遭塗了黑漆，但刻字入木三分，一眼便看得出來。柳宗元在永州時，近在咫尺，也來拜祭過舜陵，在〈零陵春望〉中詠嘆：

「湘水流，湘水流，
九嶷雲物至今愁，
若問二妃何處所，
零陵芳草露中秋。」

柳宗元當時並不知道「二妃何處所」，後人卻爲娥皇、女英，在洞庭湖君山立了「二妃廟」。清末，張之洞更在廟內題了一首達三百九十八字的超長對聯，文雄氣壯，勝過孫髯翁的昆明大觀樓聯，已使妃廟不朽，柳宗元可以放心了。

《道州志》中，提到九疑山舜陵「陵前，有古株二，蒼翠蓊鬱，奇崛若老蛟怪虬，大皆十餘圍，樹幹亦至有合抱著，蓋數千年法物也。」到現在，這兩株大樹只剩了一株，雖然綠葉蓬勃，樹幹卻空了一半，傾斜要倒。十五年前，寧遠縣文物管理前所長曾根茂，在它的空心面，種下一棵樟樹作支撐，居然不負所望，長大成株，頂住了那根老樹不往下倒，新樹支老樹，已成一景，使人嘖嘖稱奇。至於這株已幾千年的「古株」是指「古樹」或是樹名？則有待植物學家分辨了；我端詳良久，也照了相，只能說它是闊葉樹而不是針葉樹的杉。但《道州志》卻認爲就憑這兩樹，便可斷定舜陵在此，而下了斷語「無論其他」。至於明代易三接在嘉靖二十四年（一五四五）五月三十日所作的〈古杉記〉，說舜陵有古杉十五株「圍可八尺，高可三百尺，勢俱參天」，《寧遠縣志》也說「舜祠前左右杉，共十六株，大數圍，長百丈。」到清代已完全消失，但足以證明舜陵所在地非訛。至於二文中爲何古杉數字不同，便由於砍了一株去修寧遠文廟了。

八

江永是此行的最後一站，也走到了湖南西南角盡頭，鄰縣便是廣西省的陽朔了，江永的緯度與桂林同高，相距不及百公里，這一帶群立的山巒不高而獨矗，已經頗有「甲天下」的山水味道。它是瑤族自治縣，由於「女書」的發現而聞名於世。

我對「女書」聞名不久，但並不陌生，一九九一年十一月二十三日，我在武昌參加華中理工大學「漢語言學國際學術研討會」時，得識中央民族學院教授民族學家陳其光兄及畫家夫人梁耀。當時他們甫自江永參加「女書」工作歸來，其光兄（一九二六年生）沅江人，瘦瘦高高，非常和氣，我們一見如故，他自一九八六年起，便指導研究生調查研究女書了，對這一種偏僻少為世所知的文字有深入的研究，成果豐碩，滔滔論及，使我這門外漢十分神往。

其光兄說，湖南江永縣和道縣一帶，通行兩種漢語方言，城鎮通行西南官話，農村通行他稱為「五嶺方言」的土話。使用的文字也有兩種，一種是漢字，主要為男子使用，有些女子也認得，但稱它為「男字」；另一種則只有女子使用以土話表達的「女字」，俗稱「蚊形字」，現在正式稱為「女書」，這種字男子不使用也不認識。自從八十年代初，宮哲兵報導以後，由於它是全世界唯一的女性專用文字，便引起了新聞界和學術界的極大興趣。

其光兄閱讀了十幾萬字的女書原件，從中摘出女字兩千多個，發現大多數字與漢字關係密切。漢字派生的支系中，西夏字是「似漢表意字」，而女書應該是「變漢表音字」。當時他談到赴江永去「搶救女書」，想在明年三月出一部『女書集成』，我預祝他成功。回到台北後，在一九九二年元月二十七日的《時代週刊》上，果然看了《女書》的消息「北京的陳其光教授說：『女書很重要，因為它是女性獨一無二的語言。』在今年三月，陳氏和另外兩位學者周碩沂和趙麗明，要合出一本厚九百頁的《中國女書集成》。其中，包含了這種語言的四百則例句及翻譯。」（Nushu is important because it's the unique Language of women,says

Chen Qiguang a Beijing professor. In March,Chen together with two other scholars,Zhou Shuoyi and Zhao Limi,will publish a 900-page book titled A Collection of Nushu Texts,which will include 400 examples and translations of the language.）我立即剪報寄北京的其光兄：「恭賀兄與《女書》名揚天下了。」

其光兄的鉅著《中國女書集成》出版，可說是一件盛事，可是他得到的報酬，卻只有三十册書。自古來「困窮是文人的宿命」。我首先購買，除了爲他在台打書外；並將他一篇大作〈女書與漢字〉轉送台北市國家圖書館「漢學研究中心」的漢學季刊發表，我推薦其光兄大作爲「及時保存了一種頻臨絕滅的語文，興亡繼絕，誠屬中國文化史上值得大書特書的功績。」

所以，十月十八日到江永女書文化村參觀，便有重溫舊識感。這處文化村開闢在瀟江中一片河洲上，要走過一條搖搖晃晃的木吊橋；入村後到處都是女書字樣，連小徑的鵝卵石也鋪出女書字歡迎來賓。「女書園」高大敞朗，色調樸素，在一間教室裡，女書傳人周惠娟爲我們講授女書的寫法及特色：

一、女用男不用。

二、傳女不傳男，老傳少，母傳女，世代相襲。

三、使用地方土語。

四、字形似甲骨文與篆文，但又迥然相異。

五、人死書焚，陪葬送終。

女書作品多爲七言體韻文，不只是女性間的文字溝通，也可作爲歌堂對歌、喪堂悼逝。但近人學習了女書以後，也以它獨特的書寫筆法寫「白日依山盡，黃河入海流」等古詩條幅，書法中自成一體，充分顯示它字體柔峭兼備的獨特意境美。

江永因女書而名揚天下，市區馬路寬敞，市容整潔，興旺蓬勃的氣象，從街邊機車行前一排排白燦燦銀亮待售的機車便看得出來。江永特產很多，但遊客偏愛土產的泡薑，嫩脆無渣，爲佐餐妙品，都一箱箱買回長沙自用及饋贈親友；我由於飛機行李限重，只帶了兩罐回台北，紅艷艷地使我垂涎，卻捨不得打開，三千公里外的故鄉土產，到春節再享用吧。

九、秋行雜感

一、長沙市政府在湘江風光帶修「杜甫江閣」，園林區增添濃濃的文化氣息，定會吸引觀光人潮。但如果申請國務院批准，將平江杜甫墓規畫爲國家文物重點，興修「詩聖祠」，爲愛好歷史的遊客安排參觀行程，肯定更有吸引力。目前，光長沙市在二〇〇五年「十一」黃金週，觀光收入便進賬人民幣八個億，如果多多擴增歷史與文物景點，將來更大有可爲。長沙市政府在營盤路爲南宋大詞人辛棄疾，立了巍巍銅像，以紀念他當年在長沙建立「飛虎營」的功績；以及在黃興路上立黃興銅像，便已抓到歷史文物與觀光結合重點。

二、這次湘南之行，能有幸深入以前視爲窮鄉僻壤的祁陽、永州、道縣、寧遠、江永各縣，感覺上人民的富裕程度與湘北差別不大，交通沿線綠化有成，很少童山濯濯的現象，農居房室都成了一棟棟獨立磚牆平頂的二樓，以前的茅草屋反成了稀有點綴，農民生計及住屋改觀，誠屬數千年未有之大變。

三、長沙市有一種三輪的士，爲殘障人的專有車輛，只准許在各大賣場前載客，沒有計程表，不論遠近，車價一律五元。但車過祁陽以後的各縣市區，這種車則已成爲計程車的主力，四輪的士絕無僅有。

四、湖南各縣，宴客桌上備酒，紅酒、白酒、啤酒都有，但與長沙一帶另備果汁不同，而以酸奶或牛奶代替。這種飲食習慣的改變，是酪農發展的福音，也改善了人民的體質，値得提倡。

五、湘南的民間交通工具，目前還以機車爲主力，漸漸取代了腳踏車，看樣子很快就會趕上機車王國的台灣。我發覺湘南各縣的「男用」機車（像台灣三陽一二五 CC 的「野狼」），加裝了後座的管架及腳踏板，使後面的乘客坐得更爲舒服、安全。後來才知道，專供「摩的」（計程機車）使用；見微知著，青出於藍，目前台灣出售的機車，好像還沒有注意到這一點。

六、湘南各處公路的加油站，由於沒有颱風顧慮，頂棚都極爲高敞，油價也比台灣便宜，台灣的九五汽油，一公升爲新台幣二十六元上下，合人民幣約六元五角；大陸的九六汽油才人民幣四元六角，便宜三成左右。大陸現在年耗石油三億噸，有兩億噸靠進口；台灣石油則全部都要進口，油價便不得不貴三成了。

十年前，美日興起預言「中國經濟崩潰論」，不看好大陸的和平崛起。以我這次正值「神六」升空期中，深入湘南僻縣的旅程來說，我雖不是經濟學家，但覺得民間蓬蓬勃勃的活力方興未艾，沛然莫之能禦；不知道那一批「唱衰派學者」在十年後的今天，何以自圓其說。

（註）易三接明零陵人，字康侯，博學能文，性剛介，當道求一面而不可得，學者稱康侯先生，有《零陵山川志》《永州野史略》《忠鬼錄》及《暇齋詠古詩》。

謁烈陵

我對湖南省南嶽衡山的好奇心，源於三十年前，讀《傳記文學社》出版冷欣將軍所著《從參加抗戰到目睹日軍投降》一書。他在〈部隊訓練〉那一篇中，提到「南嶽廟大得驚人」：

「本師師部和直屬部隊，再有兩個團的官兵，約共三四千人；另外還有軍委會的警衛旅，嶽雲中學疏散的師生，合計不下五六千人，全住在這個廟中，還沒有佔到它一連七進的大殿和御書樓，各部分住在兩廊和附屬左右的偏殿廂房，這是我平生所僅見的大廟。」

一座廟竟能駐兵五六千人！眞令人驚奇，但也有幾分懷疑，是耶非耶？總得要眼見爲眞才算。「五嶽朝山不辭遠」，是每一個觀光客的旅遊夢。因之，一九九五年五月下旬返湘，我抓住一個晴朗朗的日子，在弟妹陪同下訪南嶽。

我原以爲從長沙到衡山一百卅七公里，該是過去的五六小時行程，誰知輕車馳縣道，兩個半小時便到達了。若非湘潭縣縣治正遷往易俗河，在那裡大興土木，街道拓寬，滿路泥土，行車像蝸牛，否則兩個小時就可以駛完這一程。

南嶽已有柏油路在群山間迂迴盤繞，直上白雲深處的南天門，玄都觀也有纜車緩緩在深谷上空搖搖擺擺滑行駛到。

在「一日看遍長安花」的緊縮行程下，我與弟妹一行三人，到達了南嶽最高處的祝融峰和秀麗幽靜的藏經殿，終於也見到了南嶽大廟宏偉的眞面目。冷欣將軍所說果然不假，這座廟地址範圍廣大，廊廡偏殿不但可容五六千人，連集合出操的大院空間都有。御書樓上陳列的那口直徑約四公尺，深兩公尺，少說也有幾百公斤重的「千僧鍋」，更見證了廟中以前駐錫掛單的僧衆數以千人計。

沿著公路從磨鏡台下山，我們沒有赴昔日蔣公的指揮所「神秘山洞」去尋幽探勝，發思古之幽情；而從靈芝觀、麻姑仙境、玄都觀這一線走。依著「參觀券」上的指示，車停在「忠烈祠」邊，下車買票去參觀。

我對這一處景點，在台灣並沒有見過報導的文字，以爲是人民解放軍陣亡將士的享堂靈殿，但大殿前面高懸的「忠烈祠」三個大字旁邊，卻有「蔣中正」三個字巍巍在望，大出我意料以外，這可能是當前大陸各地，除開奉化以外，惟一僅存公然展示而未遭毀去的蔣公手跡了。

這處享堂大殿氣宇雄偉，高處山頂，石堂內寬敞明亮，花崗石舖地，一塵不染，就全堂面積來說，較台北市大直的忠烈祠略小，但肅穆的氣氛則有過之。因爲神壇上，除開當中最大的「抗日陣亡將士總神位牌」以外，還分供了二十二座戰役陣亡將士的小神位牌。最左邊的一座為「第十九集團軍劉行羅店戰役陣亡將士神位，其餘十三座神位，則完全是第九戰區大大小小戰役——包括三次長沙會戰——犧牲官兵的神位。

「抗戰已隨雲煙散」，現代的人——連上海人在內——有幾個還知道劉行、羅店、蘊藻濱、洋涇、南翔、廣福這些上海市的小地名，更不必說這些地名代表了抗戰初起時，國軍精銳部隊在那裡與日軍作血肉紛飛動地驚天的殊死戰了。這二十二座神位牌，具體列出了作戰的地點與部隊，戰役的時間與陣亡官兵人數，可以一索即得，使人肅然起敬，不像總神位那麼籠統空泛。

殿中四週立有幾十方形狀大小都非常齊整的新刻（一九八二年）石碑，在抗戰期中陣亡的將領，都刻碑立傳，還刊有照片。最先的兩員將領，便是一九三七年七月二十八日，在北平南苑陣亡的第二十九軍副軍長佟麟閣與一三二師師長趙登禹將軍。

這幾十方石碑，碑高一百七十公分，寬六十公分，原先嵌在兩側石壁上。十七年前翻修大殿，則豎立在享堂內四側，這樣一來，正反兩面都可以刻石，節省了一半石碑；碑下又加石座高四十公分，更形穩固。

堂內陣亡將領，幾乎都為國軍的陸軍部隊；空軍與海軍健銳，在抗戰期中，犧牲壯烈，然而以位階能立碑在這一忠烈祠的，卻只有高志航一人。一九三七年十一月二十一日，他率機隊準備從河南省周家口機場起飛回南京時，遭敵機空襲，壯烈犧牲；後追晉空軍少將，陣亡時年方二十九歲，為堂內陣亡將領中最年輕的一員。年事最高的一員，則為一九四〇年一月三日，在江蘇省阜寧與日軍激戰犧牲的馬玉仁中將，陣亡時年六十五歲。

此祠始建於一九四一年，當時國府黨政軍要人都致贈題詞或詩文，自國民政府主席林森，行政院院長蔣中正以降，都留下了紀錄。可是建成以後，五十年中遭遇過日軍攻佔、「清除反動遺跡」、以及「文化大革命」三劫，已遭摧毀殆盡。直到一九八二年才重又開始整修；一九九三年，更列爲「全國文物保護單位」，才有煥然一新的形貌。

今天南嶽的「忠烈祠」，除開蔣公所題享堂匾額爲當年原物外，其餘石碑題字，全部都重行刻過。只是都改成了簡體字，像何應欽將軍所題：

正氣磅礴，天地同流，
淵渟嶽峙，俎豆千秋。

于右任院長題碑最後四句：

萬眾仰止，崇德報功，雄風正氣，與嶽等窮。

碑上的「氣」「眾」「嶽」「萬」「風」「無」「窮」，全都是簡體字。

題詞要人中，今日還健在的唯一一位，爲當時任教育部長的陳立夫先生；可能在台北的立公，已不記得六十年前曾爲南嶽忠烈祠題過的文字了，若能看到這塊碑的照片，連他的姓已遭簡化列碑，也定會莞爾吧。

抗戰前國軍建軍，注重精神教育，爲了建立國軍的「軍人魂」，官兵員生必須熟讀背誦：

一、黨員守則十二條。

二、軍人讀訓十條。

三、步兵操典綱領十五條。

「忠烈祠」建祠時，兩壁原有石刻的「黨員守則」與「軍人讀訓」。毀後重修，只用簡體字刻了後者。而今在台灣的當代國軍，可能都不知道「軍人讀訓」的條文石刻；禮失而求諸野，卻在南嶽衡山保留下來了。碑上雖是簡體字，卻只把第二條的「擁護國民政府」，改成了「維護國民政府」，其餘隻字未易。我誦讀碑文，彷彿回到了六十年前站在隊伍裡，隨著主席集體朗誦「軍人讀訓」的時代，眼也溫熱起來。

民國三十年，創建南嶽忠烈祠的主要大員，爲當時第九戰區司令長官兼湖南省主席薛岳將軍，他戰功彪炳，長沙三次大捷，功在史冊。他袍澤情深，痛悼陣亡官兵墓地荒蕪而興建此祠，埋忠靈於勝地，也留下了後人永遠景仰的一處聖地，極爲可貴。所以南嶽忠烈祠三劫中，只有他建的「七七紀念碑」與銘文，得以維持原狀，先後上山的日軍與紅衛兵，都知所尊敬而保存下來，碑銘共三十二字：

寇犯蘆溝　大波軒起

捐軀衛國　忠勇將士

正氣浩然　彪炳青史

漢族復興　永湔國恥

這處忠烈祠鎮山面水，坐北朝南，在一條中軸上，依次爲牌坊、七七紀念碑、紀念堂、和享堂，石牆碧瓦，單檐翹角，整體上十分類似南京中山陵；從下往上望去，雄渾穩重與肅穆莊嚴兼而有之，名祠與名山同垂不朽。

這一次南嶽行，以「忠烈祠」對我的震撼最大，感喟極深，證明大陸已修改了「完全是中共領導抗戰」的說法，終於承認國軍抗戰史實；認爲這是「國民黨軍隊在正面戰場流血抗戰的產物，所涉及的人和事，基本上局限於正面戰場。」因此，享堂中毫無一座八路軍、新四軍與游擊隊抗日陣亡官兵的神位；連中共引以自豪的「百團大戰」與「平型關大捷」戰役的陣亡官兵神位也沒有；全祠任何一處都沒有毛、朱、彭、周、劉、林的領導題字，而爲清一色國軍英靈的聖殿，實事求是，完完全全還半世紀前歷史以本來面目，不能不說是一項重大的改變。

遊嶽歸來，總覺得該以更崇高的名字來爲這處聖地作簡稱，想到可以稱「南嶽忠烈祠」爲「陵」，陵雖爲古代帝王葬處的專有名詞，但民國以後，已廢君主；而抗戰期中前仆後繼爲國捐軀的兩百萬將士，在史册上光輝萬丈，浩氣長存，遠遠超過歷代統治者。名山有幸，忠骨長存，我們何妨稱此祠爲「烈陵」——抗戰忠烈之陵——在我心目中，這一點也不僭越，一點也不恣肆！

——一九九九年五月廿九日台北市《青年日報》副刊

新詩史上的一段官司

——都是著作權惹的禍

新詩鉅鑄　氣勢磅礡

新詩與翻譯看似風馬牛不相及，其實有兩處地方頗爲近似，可說難兄難弟，同病相憐。第一，它們都是文學中的冷門，從事這兩項寫作的人，善始者實繁，克終者蓋寡，只有耐得住寂寞，衷心熱愛的人，才能撐住這個場面，沒有向歷史交白卷。第二，它們的根基都不深厚，幾十年來，都受到西洋與東洋的影響，縱的繼承與橫的移植這兩條理論路線，發生過激烈的爭執。

然而，新詩界與翻譯界不相同的地方，便是新詩詩人知道在絕望中奮鬥，儘管詩人口並不多，詩刊詩集從來沒有攀登過暢銷的排行榜，但卻一本本在出，一期期在辦。詩人的集會、結社一天天增加。甚至把新詩「行銷」到公車廣告上。各副刊的新詩與論著，也鋪天蓋地，波瀾壯闊。相反的看看翻譯界，不禁爲之赧然。翻譯不但少有以譯會友的組織與連誼，甚至連一本討論翻譯的期刊都付闕如，靜悄悄沒有一點兒聲音，令人慚愧。

一九九三年七月，台北正中書局。出版了詩人王志健（上官予）的巨著《中國新詩淵藪》，厚厚三巨册，達三千五百七十八頁，氣勢磅礴，使人爲之震撼。

這部新詩史依編年分代的方式，分爲〈新詩的成長〉、〈格律詩與現代派〉、〈血肉長城抗戰詩〉、〈新詩的再生〉及〈中國現代詩的鄉原〉五篇二十二章，蒐集新詩，自〈蒼天蒼天淚如雨，倭人竟割台灣去〉的黃遵憲、〈醉過才知酒濃，愛過才知情重〉的胡適以降到現代，共收詩人三百九十二人，對每一位詩人的生平都有簡介，列有幾首代表作，再加以評論；對新詩的流派，也不厭其詳地加以介紹。

對喜愛新詩一向仰望門牆、未窺途徑的大衆來說，這一部《新詩淵藪》，無異乎是一部新詩百科全書，舉凡我們敬佩的詩人及詩作，以及他們在詩史中的定位與地位，都有資料可供指引。它蒐集新詩資料，完備週延上，當然不逮清康熙御製的《全唐詩》，但在解說與啓發的功能上，卻遠遠逾越前人。

我打電話向上官予致敬賀之忱，他卻似乎沒有「出書如得子」的喜悅，卻只問我，引用他人的詩加以研討是否觸法？我對那時甫頒佈的著作權法也不甚了了。只能遲遲疑疑告訴他，引用他人著作的部分作研究或教學，應該爲法所許吧，他似乎也放下了忐忑的心。

不久之後，他所服務的文建會，也以這份著作爲榮，而贈送了我當時服務的太平洋文化基金會一部。以出版品作禮物，這才是眞正的文化活動，求諸於當代學術殿堂，也不可多得。

引起官司的詩人上官予（王志健）

大作被引　詩人抗議

到了一九九三年十一月九日，「中國時報」五版，刊載記者楊凱麟報導《中國新詩淵藪》一書引起風波，使人吃了一驚：

「正中書局於今年七月出版的《中國新詩淵藪》一書中，因作者王志健未事先徵得同意，在書中大量引用各家詩人的完整作品，而引起十五位詩人的簽名抗議。

包括洛夫、林亨泰、向陽、商禽、張默、管管、瘂弦、李魁賢及向明等多位詩人，日前在一項聚會時，才愕然發現自己的詩作被選錄於《中國新詩淵藪》一書中，現場一陣嘩然。該書厚達三千五百餘頁，分爲精裝三冊，評介的詩人從黃遵憲、胡適到中國大陸的現代詩人楊煉、遠志明等約三百餘人。每位詩人被引載的詩作從三、五首到二十首不等，幾乎都是全詩登載。除了在每位詩人的作品前，刊有該位詩人的生平、詩風及簡評之外，在每首詩前僅有不成比例的解讀及介紹。但據詩人張默指出，該書選用的詩人資料陳舊，部份詩人的生平還出現謬誤。」

使人吃驚，便由於這十五位詩人，上官予都熟識，他們齊齊抗議，足見上官予編書時，事先「香沒有燒到」。在我們想，書已經出了，只要上官予負荊請罪，這件事也就會握手言歡；畢竟，二三十年的哥兒們嘛。

正中書局出版王志健著作「中國新詩淵藪」一書引起風波

未經同意 大量引用他人作品遭抗議

【記者楊凱麟台北報導】正中書局於今年七月出版的《中國新詩淵藪》一書中，因作者王志健未事先徵得同意，在書中大量引用各家詩人的完整作品，而引起十五位詩人的簽名抗議。

包括洛夫、林亨泰、向陽、商禽、張默、管管、瘂弦、李魁賢及向明等多位詩人，日前在一項聚會時才愕然發現自己的詩作被選錄於《中國新詩淵藪》一書中，現場一陣嘩然。該書厚達三千五百餘頁，分為精裝三冊，評介的詩人從黃遵憲、胡適到中國大陸的現代詩人楊煉、遠志明等約三百餘人。每位詩人被引載的詩作從三、五首到二十首不等，幾乎都是全詩登載。除了在每位詩人的作品前刊有該位詩人的生平、詩風及簡評之外，在每首詩前僅有不成比例的解讀及介紹。但據詩人張默指出，該書選用的詩人資料陳舊，部份詩人的生平還出現謬誤。

目前正中書局發行人武奎煜人在大陸，尚不知該書已在台灣詩壇引起軒然大波。該書局的副總經理汪健雄指出，正中書局極為尊重「著作權法」上對著作權的規定，且與每一位作家簽定出書合約時，都會要求作家慎重其事，文責自負。

而據該書作者王志健表示，依「著作權法」第五十二條的規定，「為報導評論、教學、研究或其他正當目的之必要，在合理範圍內，得引用已公開發表之著作。」他認為在《中國新詩淵藪》一書中，他詳實公正地對現代詩作了一番客觀的評述，該書中引用詩人的詩作，也是基於學術研究的必要，他希望各界能客觀地看待他的作品。

誰知道衆詩人這一回動了公憤「來眞的」，逕自寫信給正中書局，但信中也保留了「轉圜」的餘地，措詞還算委婉，說「……此舉『似』有違著作權法……」

「似」者，像也，未能肯定之詞也，是不是違反著作權法？氣沖斗牛的衆家詩人也大都「無知影」。如果屬實，還可以進一步辦理；倘若屬空，那也就算了；可進可退，其斯之謂歟。

立即停售　要求道歉

沒想到「正中書局」卻被衆詩人的來函嚇軟了，立刻就在十一月二十四日《中央日報》頭版刊登啓事，自承有過，表示道歉，而且決定收回各書局門市出售的這本書，「不予出售」。啓事中說：

一、本局月前出版《中國新詩淵藪》乙書後，頃接向陽、商禽、辛鬱、洛夫、張默、管管、瘂弦、大荒、李魁賢、向明、碧果、張香華、楊平、朵思、白荻等作家聯名來函，指陳作者王志健君「轉載我等詩作，事先未徵求同意，貴局此舉似有違著作權法……」

二、本局與作者王君訂有契約，王君擔保未侵害他人著作權。本書之出版作業過程中，本局對王君之保證未再加探究，作進一步的確定，此一疏失，除檢討改進外，並爲表示尊重作家先進之著作權，已全數收回各書局門市之該書，不予出售。

三、謹向向陽等十五位作家，暨其他本書引用詩作之原作者，表示遺憾與歉意。

正中書局爲了這次事件覺得很嘔，接到衆詩人信後，立刻把這件事交給他們的律師吳展旭處理，而早在十一月十六日，即以敦旭律字第一一一六號函，雙掛號寄給上官予：

在這封通知函裡，吳律師把正中書局所接到「十五位」詩人的信，膨風成「數十位新詩作者」。而且，他認「第三人主張」侵犯了著作權，那就是「顯然違反契約」——侵犯了他人著作權，大律師都承認了，上官予還有什麼話好說：只有在一九九三年十一月二十八日，在《中央日報》登報道歉：

本人撰述《中國新詩淵藪》一書甚早，引用「林燿德、向陽、瘂弦、辛鬱、商禽、大荒、碧果、李魁賢，洛夫、朵思、張香華、楊平、白荻、張默、管管」等詩友詩作，未能徵求同意，疏忽著作權法之規定，引起作者不滿與正中書局困擾，鄭重道歉。

王志健　敬啓

正中書局爲了詩人們的抱怨，這件事的處理十份「明快」，除開將上官予的合約取消外，而且劍及履及，把市面所有待售的這部書，悉數收回打漿，連賣出去的也要設法追回，以示徹底辦理。

小林告狀　對簿公庭

就在那一陣，我接到文建會二處袁家瑋小姐的電話，要太平洋文化基金會把獲贈的《中國新詩淵藪》退還。我便說道：「家瑋啊，這是你們會裡送我們的書，怎麼能要我們退回去？」

袁小姐說：「主秘，對不起啦，只因爲他們把書款都退回來了。」

我這才知道這件事嚴重，著作權的杯弓蛇影，不但正中書局力求「除惡務盡」，連文建會似乎也束手無策而縮手退書了。不過，書已收回，歉也道過，這次茶壺風波應該風平浪靜了吧。我打電話給上官予，開玩笑說：「幸而我收藏的這一部書追不回，將來可眞是海內孤本，說不定還會撈上一筆呢。」他卻告訴我說：「他們根據我的道歉啓事，到地方法院控告我了，要求賠償兩百萬元。」

我不禁愣住了，事情怎麼發展到這種程度，竟要訴之於法：「他們統通聯名告你嗎？」

「只有兩個人堅持要告！」

「哪兩個？」

「林燿德和向陽。」

我默然了，上官予在書中，把他們兩位青年詩人，納入〈清風明月入詩來〉這一篇，讚向陽爲「愛詩如手足，勤於創作的詩人」。而對林燿德更大加期許，說他「想像豐瞻，語言活潑，逸俊跌宕，時露詼諧，表現青年生活的銳氣，是其特長」，他評論〈白蝶〉一詩，「有點像李白五古開頭的『大雅久不作，吾衰竟誰陳』的味道。」以一位詩壇前輩作了如此推崇，爲甚麼竟要公庭對簿？

依照現代官場的用詞：「本案既已進入司法階段，不欲多所揣測。」不過頭一次過堂，我陪了上官予去，在暖煦的春陽下，我們心情沉重，慢吞吞從愛國東路走到貴陽街司法大廈。開庭以後，女法官要雙方當事人「庭外和解」，幾分鐘就退堂了，雙方律師倒是在庭外談談笑笑。我想，這件事還是以和爲貴的好。

因爲，我很替上官予擔憂，著作權法和殺人、搶劫一般，同屬刑法範疇，處罰很重，刑期動輒「六月以上」，換句話說，不能「易科罰金」出錢消災，必須坐牢；六個月牢飯吃下來，本書十年心血的版稅沒了，公職教職也得鞠躬下台，拿不到一文退休金與資遣費不說，而且，還要賠上兩百萬元，打個對折吧，也要「溫米隆」；有錢人發一張牌不止此數，但在「固窮」的文人如我輩，可就是幾近天文數字了。

秦鏡高懸　何罪之有

一九九四年三月三十日，上官予終於舒展眉頭，台灣台北地方法院作了刑事判決，主文爲：

「王志健、武奎煜（正中書局總經理）均無罪。」

台北地方法院不認爲二林（林淇瀁〔向陽〕與林燿德）這幾首在《新詩淵藪》上的詩有著作權，當然「不能證明被告犯罪」，便「依法諭知無罪之判決」了。但也附上一句，「不服本判決，應於送達後十日內，向本院提出上訴狀。」

林燿德畢業於輔仁大學法律系，對法律自是內行，爲了一辯曲直，當然不能就此回頭，不得不向同在輔仁大學文學院兼教的上官予窮追猛打，向高等法院上訴。

高院改判 更見揚眉

高等法院在九月二十九日宣判了，對台北地方法院的判決，認爲二林「就前開詩作無著作權」，所持法律見解，顯有錯誤，其以該項見解判決被告無罪，自非正確。判決主文爲「原判決撤消」。

這眞像是讀偵探小說，又起了高潮，上訴人有著作權啦，被告上官予八成就要栽在高院這一審了。

可是台灣高等法院刑事第二十二庭，卻不慌不忙，作了第二項判決，「王志健、武奎煜均無罪。」理由爲「上訴人有著作權沒錯，可是被告卻沒有侵權。」

該詩作均爲舊作，自訴人等並不否認曾提供前開詩作予被告王志健，均要求其評論介紹，被告王志健就前開各詩篇予以評論，應係屬合理範圍內之評論，該當於著作權法第五十二條在正當目的之必要，在合理範圍內，引用已公開發表之著作之規定。該詩作既爲自訴人已發表之舊作，被告王志健予以評論，並就評論予以出版，雖刊有自訴人詩作全文，應不生侵害自訴人公開發表權之問題。又該詩作雖屬自訴人年輕時期之舊作，未必盡符合自訴人現在之文學創作理念，惟常人敝帚尚且自珍，自難認舊必不如新，被告王志健對自訴人林淇瀁〈小站十行〉詩篇，評論略稱「小站十行是他十行詩中，十分靈巧精微之作」，對自訴人林燿德〈白蝶〉詩篇，評論稱「白蝶是早期作品之二，這首詩寫愛情，寫出了一種浪漫實爲雅潔的風格。有點像李白五古開頭的『大雅久不作，吾衰竟誰陳』的味道。不是綺麗艷薄，也不是蒼白空虛；想像美麗，意象晶瑩；『去找一顆清俊的星』，就是這首詩的雋逸處；在形式開合，句法轉折的地方也顯了他的才情和細心」，被告王志健對自訴人二人之詩作，語多褒詞，並直比李白，並無任何侵害自訴人名譽之意圖，實極彰明。又被告王志健所出《中國新詩淵藪》，上中下三冊一套篇幅達三千餘頁，自訴人詩作僅佔極小部分，當不生侵犯自訴人編輯權之問題，而其所意圖銷售者，當係其編輯之三千頁評論集，並非自訴人之詩作，綜上所陳，尚難認被告王志健有自訴人所指之前揭犯嫌……」

高等法院作了被告無罪的宣判，可是兩位原告並不就此罷休，而在一九九四年十月二十七日上訴到最高法院。

「……對於弱者（作家）受強者（大型黨營出版企業）壓迫之不公義行為予以導正，俾維護我國司法界之純潔，提倡公義於社會！」

第三審爲文字審，並不需要原告與被告出庭。一九九五年四月二十日，最高法院作了八十四年度台上字第一六九五號的「最高法院刑事判決」，內容要點爲：一、原判決未違背法令；二、著作權最重本刑爲兩年以下有期徒刑，二審即結案，不得上訴第三審法院。

因此，最高法院這份判決書的「主文」，簡簡單單四個字，結束了這次纏訟近兩年的《中國新詩淵藪》案：「上訴駁回」。

台灣文學史上這一次《中國新詩淵藪案》雖然落幕，但卻沒有贏家，被告兩方與原告成了「三輸」的局面，每一方面都弄得灰頭土臉，不知道如何善後。

原告向陽與林燿德，據台北地方法院八十三年度的判決書記載，分別爲三十八歲及三十二歲，被告王志健爲六十五歲。這次事件，也可以分析成爲詩壇年輕一代自主意識的覺醒，反抗老一代的威權而作出的舉動。這種「長江後浪推前浪」，十分自然，而且是任何一界都躲避不了的趨勢。

三敗俱傷　善後待了

國民黨黨營的正中書局，在這一案中丟了面子，失了裡子，可說是最大的輸家。就總的來說，它輸在主持人的「反應過度」。衆詩人不滿的反應甫現，他便在第一時間採取斷然決然的行動，要與《新詩淵藪》劃清界限。衆詩人信中只說「似有違著作權法」，律師便馬上要王志健道歉、毀約、收書，宛若戒嚴期中，警總發現出了一本《毛語錄》般，迫不及待要丟掉這個燙手的山芋。我曾經就這件事請益過著作權協會秘書長牟少玉兄，他認爲正中書局這麼做，一旦打起官司，並不能置身事外。果然，二林一狀告到法院，新上任的武奎煜總經理還不是要隨傳隨到。

其實，事緩則圓，正中書局如果當初在接到詩人來函後，立刻請詩壇的幾位大老出面緩頰，自己作東，宴請衆家詩人與王志健會面，當面道個不是；乃至敲邊鼓，承諾爲衆詩人出新詩系列集；這件事就會化解於無形，這才是圓熟的商業手腕。書局投資了一兩百萬元的大書，怎麼一封信來就收攤，任何私營的出版公司會這麼做嗎？

做生意難免遇到風險，困難來時，就要四兩撥千斤，借力使力，用門面話來說，就是「化危機爲轉機」。《新詩淵藪》出版，這一部堪稱正中書局文學類鎭山之寶的書，竟沒沒無聞，大衆都不知道，經過新聞這麼一炒熱，做了大量的免費廣告，大可一方面與衆詩人週旋，一方面大事促銷，這才是做出版生意賺錢的訣竅，哪裡有自廢武功，馬上回收熱門書的道理。

至於是不是違法，要法院斷定才算數，打官司時間長，三審以前，便可趁此機會大賣一番，中文版《大不列顛百科全書》在訴訟中大俗賣，便有例在先；在商言商，有何不可。即令要賠償，先賣它上千套，也可以少動幾個本錢啊。能一封信便下決心放棄嗎。不過，黨營事業資本雄厚，財大氣粗，把百萬元打水漂，凱子總經理眉頭都不必皺一下，保證文工會主任重話都沒有一句。

正中書局以律師函正式要王志健解約、道歉，出於這一前提——違反了著作權法。尷尬的是，三場官司打下來，法官都斷定並沒有違反著作權法；那毀掉的合約，取消的版稅，後來又該怎麼算？王志健個人身心、版稅所受到的損失，又該如何補償？若不是上官予宅心仁厚，放了二林一馬，如果找律師反控「誣告」，證據確鑿，這兩位年輕詩人後果可能會十分嚴重。這都是正中書局在當初「迅作了斷」時，從沒有考慮過的問題，「而今都到眼前來」，要慢慢算了。

頒佈著作權法以來，新詩界的頭一次訴訟案，使我們發覺，大家對著作權法的認知，其實都是群盲捫象。只認自己有理，作出錯誤的判斷，打了一場落空的官司。說來說去，還不都是著作權惹的禍！

——一九九五年七月七日至九日《世界論壇報》

東隆宮的故事

前言

十五年前，我陪同台灣歷史博物館前館長何浩天兄及台南企業家侯萬蟾兄三人行，前往皖浙蘇杭觀光，旅途中無話不談。萬蟾兄道出先人在台南三寮灣發跡及歷經死生的一段驚險經過，他便是故事中那時尚在襁褓，險遭日軍馬隊追殺的吉崙。

回到台灣，我寫下了這段史實，但自慚台語太不行，遲遲不敢出書。台北大詩人楊君潛兄過目後則誇讚：「《東隆宮的故事》，鎔忠孝、節義一爐，爲可歌可泣的故事，宜付諸紙墨，宜言於電影，讓所有的中國人都能爲他們一掬同情的眼淚。」而今何侯二兄均已作古，如果不寫出來，後人永遠不知道。因此自不量力，敢冒台語太遜的嘲笑，發表這段史實；以及後來改寫的電影劇本《三寮灣風雲》，更是有生一次的大膽嘗試。

經過三天兩夜的海上風濤，拂曉時分，風止浪息，船頭前的海平線上終於出現了一片隱隱約約的暗影，襯著破空的曙色，看得清清楚楚，這不是遠垂的雨雲，而是陸地了；全船的人都醒了，爭相轉告，大夥人擁到船頭邊，一個個歡呼起來：「來看啊，到台灣了，到台灣了！」

船老大陳阿魁決定，趁早潮時攏岸，凌亂擁擠在船頭船尾的泉漳男男女女，紛紛把攤開的舖蓋打捲捆紮，塞進籮筐，精壯的男人都紮好衣褲，穿上麻鞋，捆緊腰包腰帶，啃著僅有的殘剩光餅，抽出在船上用來枕頭的麻竹扁擔，準備涉水上陸；女人則忙著捆好衣物，繫成包袱，梳好頭髻，揹起娃娃，哄著能走動的小孩，忍住了幾天幾夜的嘔吐，卻掩不住一股高興，終於要上岸了。

木船趁著暖暖微微的海風，揚起船帆，慢慢駛近海岸邊，全船的人凝望著陸地，卻都驚嚇得叫出了「哇！」

這哪裡是他們晝思夜想的平坦坦水田，迎接他們的是一片鋪天蓋地的密密鬱林，綠暗暗不見天日，也沒有盡頭，間或還看見有一群群的野鹿奔馳進林。

侯錫肯在船尾挑起了籮筐，準備往下船的腰艙走，問掌舵的船老大陳阿魁說：「阿魁伯，差不多啥米時辰攏岸？」陳阿魁望了望艙外漸漸明亮的天色，看了一下羅經，說道：「辰正一刻就到了。」又說了：「阿肯啊，這回萬厚舖過海來的，就只你一個人，下船後，要好好照料你自己，比不得在泉城老家，多的是親戚朋友。」

「放心啦，阿魁伯，出來的人這麼多，你回泉城捎個信，就說阿肯到了台灣啦；幸得有神明保庇，祖先保護，一路平安。」他把身前的一個籮筐蓋掀開，裡面塞在衣物當中的是一尊紅袍金冠的長鬚神像，像座下還墊了一本厚厚的黃頁簿。

「這是啥米神？」船老大問道。

「我臨走前，阿爸燒香，爲我請的李府千歲，保庇我一路平安。海上雖然有風浪，畢竟還是到了；何況，我還抄了一份族譜帶在身邊保佑。」

「阿肯啊！」船老大陳阿魁一生跑江過海，見過多多少少的人，卻對侯錫肯這個樸實結實的小夥子另眼相看：「像你這麼年紀輕輕就出來闖天下，兵荒馬亂的世界，大家逃過海來只求保命；你卻不忘本，請了神像，還抄了祠堂族譜帶在身邊，我阿魁伯不會看走眼，你在台灣一定會發起來。」

「阿魁伯，謝謝你的誇獎啦，我們下船處是啥米所在？」

「這是諸羅的下雙溪。」

「請阿魁伯帶信回泉城，就說阿肯到下雙溪上岸了。」

木帆船在淺海邊下了錨，搭船的人坐了船上放下的小舢板，一槳一槳向著這片森林壓岸的陸地划去。這一年是丁酉年五月，正是國姓爺鄭成功率軍渡海，在安平堡接受紅毛投降的第二年，也是大清順治十四年（一六五七年），福建一帶一批批不願薙髮的明朝義民，在辮子兵馬隊追殺下，不顧生死，搭了木船，揚起破舊的船帆向東航。他們只有一處嚮往的地點：台灣。

一船船的人陸陸續續登上了台灣的西海岸，但也有更多的一船船人，過海來時，葬身在波濤洶湧、洋流湍急的黑水溝。上了岸的人顧不得爲死去的人悲痛，卻要爲自己的生存而掙扎；面對著參天巨樹黑壓壓不見天日的森林，林中固然有可以作肉食的梅花鹿和麂子，但也有站起來像黑塔一般，胸前有月牙記，爪如利斧的黑熊；還有獠牙突起，衝過來其快如風，挨到了便肚破腸流的山豬；更可怕的是林間悄悄蜿蜒的百步蛇、眼鏡蛇、雨傘節，攀在竹叢上的竹葉青，只覺得微微的一點痲辣辣，來不及出林求救，就倒斃在密林裡，幾天後爲救援的人發覺，已經被野狗和蟻群啃得只剩下一具森森的白骨了。

而人類的最大敵人還是人，雖然是同船過渡來的一家人，可是上了岸以後，因爲生活習慣，尤其是語言的分野聚居在一起，形成了漳州與泉州人各自的團體，不但彼此不相往來，還結幫成仇，相互毆鬥殺戮；更加上從山地下來，爲了出草習俗而獵人頭作祭典的原住民。這莽莽台員的處處山林，並不能隨意可行，隨地可去，而必須結社築垣，晝夜巡邏防守，才能保安全。

侯錫肯卻與衆不同，他離船上岸以後，並沒有隨著大夥往府城（台南）或者諸羅（嘉義）去，卻就在海岸邊定下來，靠打魚爲生。他砍伐痲竹作桿，用芒草作葉，蓋起了三座草寮；居中的一間，奉祀他從泉城請來的李府千歲和「侯門歷代祖先」牌位。他經祖父的叮嚀，知道自己的源祖侯情，是南宋朝咸諄元年（一二六五年）的進士，擔任過太常寺正卿，這項職位是自漢朝到清朝的九卿之一，掌管宗廟禮儀，官居一品。侯家歷代原來都住在河南省固始縣，一二七一年蒙古改國號爲元，大舉興兵南犯，攻入臨安（杭州），俘虜了宋恭帝北去。

這時宋室爲了避難，文天祥等大臣，便扶宋朝幼主趙昰（宋端宗）到福州，改元爲景炎元年。侯情與九個兒子，也由原籍經臨安而遷到了福建泉州城西街的萬厚舖。

錫肯知道了自己的祖先，有過光榮顯赫的成就，他這一代也義不事異族，而冒著生命危險，隨著國姓爺的水師後面來台灣，就是要爲侯家爭一口氣。這三間草寮雖然爲錫肯剛上岸安身立命之處，卻也是今後子子孫孫立業安家之基。他做事踏實，痲竹富於彈性，頂住了好幾次來襲的颱風，許多人用砍伐林木蓋的房屋，不是倒於地震，便是毀於颱風，惟有侯錫肯的三間草寮，還穩穩當當挺住了，令人稱奇。

有人問到阿肯蓋寮的方法時，阿肯指著中寮神案上供的李府千歲說：「我哪有啥米能耐，攏是千歲爺的保庇啊。」

話傳出去後，來朝拜李府千歲的人越來越多，草寮的香火也就越來越盛，可是去拜神，要走過彎彎曲曲的水田和海塘的田坎小徑，左一彎右一拐的，慢慢的，這兒就成了「三寮灣」；因爲靠近茫茫的大海，也叫它「三寮灣」。

三寮灣的住民越來越多，他們砍伐了樹木，改成種稻穀的田地，挖掘養海魚的魚塘，成了一個村落，山林上也可種茶。爲了祈求全境平安，他們恭祀侯錫肯從泉州請來的李府千歲，共同建造了「慈安宮」，一起來供奉祭祀。

而李府千歲也威靈顯赫，有求必應，一次又一次保祐三寮灣一帶的居民，免於屠戮的浩劫。

兩百卅九年後。

清光緒廿一年（乙未，一八九四年）的夏秋，整個台灣島人心惶惶，不可終日。

去年（甲午），第一次中日戰爭中，清軍海陸兩軍大敗，清廷派欽差大臣李鴻章，於今年初赴日本與伊藤博文首相談判，久談不成；一直到他挨了日本浪人小山豐太郎行刺的一槍，日本方面才稍作退讓；四月十七日（農曆三月十二日）在馬關的春帆樓，簽下了「馬關條約」，將台灣及澎湖割讓給日本。

全島兩百五十萬人聽到這個消息，宛如轟雷貫頂，一個個痛哭流涕，掀起了反抗日本的運動。可是「宰相有權能割地，孤臣無力可迴天」啊。有勢有錢的人，都紛紛買棹他去，拋棄了台灣，不願在這片傷心的土地上，作異族治下之民。

日本的近衛師團大軍，由北白川宮能久親王率領，由十艘運輸艦裝載，五月廿九日迅即在台灣北部的三貂角澳底登陸，憑著銳利的新槍新砲，揮軍南下，勢如破竹，擊破了抗日的義軍，沿途屠殺平民以示威；六月六日，日本派任的首任總督樺山資紀也在基隆登岸。日軍依仗海軍強大，要派遣部隊在台灣南部兩地一舉登陸，截斷義軍的後路，同時攻下台南，消滅義民義軍的最後根據地。

初秋十月的炎熱驕陽裡，素來平靜平安的三寮灣，這時也風聲鶴唳，草木皆兵起來，村民男丁都聚集在李府千歲的「慈安宮」，祈求神佑村民；同時也議論紛紛，因爲一支日軍分遣隊，大約有一百騎人馬，已經在今天凌晨漲潮時刻，在王爺港（急水溪）下游的鯤鯓廟後登陸。載運登陸的船隻立即駛走，只卸下了一部分的給養和軍品。日軍佔領了鯤鯓廟，在四週派出了哨兵，荷槍實彈，腰掛倭刀，在廟內旗桿升起了太陽旗，不准閒人接近，似乎在等後續隊到來方始進兵。

慈安宮乙未年的本宮爐主侯福壽，是侯錫肯的第六代孫，他召集村民們進宮坐下，關上宮門，告訴大家，教書的秀才林先有要緊話要對大家說。

林秀才至誼，漚林人，是地方上唯一進了學的讀書人，很有地位，進縣衙門見縣官，都只作揖而不必磕頭稱「大老爺」；在這一帶辦了一處私塾，教小孩念三字經、百家姓、千字文、弟子規、龍文鞭影、和幼學瓊林，深受村民尊敬。

他跟跟蹌蹌走進宮內，滿身大汗淋漓，瘦筋筋的身材幾乎支持不住，侯福壽要人奉上擦汗的布巾和一杯茶，要「先生」安定下來。

林秀才拭完汗，喝了茶，擦擦圓框眼鏡，摸摸八字鬍鬚，這才上氣不接下氣地說：「各位鄉親，日本仔已經在王爺港上岸了。我曾經在上午去鯤鯓廟探探虛實，問中隊長吉川少佐，要些啥米，地方上可以籌備。吉川少佐倒是笑嘻嘻說了一串話，通譯向我翻譯出來，我覺得大事不妙，就趕緊回三寮灣，請大家參詳參詳如何應付。」

侯福壽說：「林先，他說了啥米話大事不妙。」

林秀才嘆了口氣說道：「吉川少佐說，久聞台灣大大的好，這次只要地方上送出『柚米』就行了。」

「『柚米』是啥米？」村民中有人問。

「『柚米』啊！」秀才揩了揩額頭上的汗，低聲說道：「就是『幼女』，查某囝仔啊。」

大家不約而同都吼叫起來：「幹！」「怎麼可以！」「拚了！」。

林秀才擦擦額頭汗水，說道：「各位鄉親，代誌到了這款地步，府城巡撫大人都跑了，沒有人能救我們，如果我們不送查某囝仔，日本仔馬隊就會殺進村子裡來，逃也逃不掉。爲今之計，我們只有和他們拚，全村男人集合起來，趁著今天晚上，我們把鯤鯓廟那一百多個日本仔做掉，全村人都逃進山裡去……福壽，你馬上派人出去，守住村子四條路口，只准進不准出……」

在林秀才的編排組織下，全村組成了一百多人的隊伍，個個把辮子捲好，盤在頭頂再用黑頭巾繫緊，所用的武器只有「宋江陣」所使的刀槍藤牌，還有幾枝鳥槍，兩枝前膛槍，可人人腰裡都揷著一把番刀或扁鑽，知道這一番去摸廟，少不得近身肉搏，村裡的精壯漢子都練過武，操演過宋江陣，自認對付人地生疏的日本仔綽綽有餘。天晚出發時，個個都穿上黑色衣褲，臉上塗了鍋煙，惟有右腕上綁塊白布條作記號。

三寮灣的夜，除了海水拍岸的呻吟聲外，靜得像鬼域一般，可是家家戶戶都在室內徹夜無眠，把細軟衣物捆紮好了，有的還煎了粿或煮了飯捏成飯團，準備應急，女人家的心卻吊在心上，個個在佛祖菩薩和祖先牌位前燒香禱告，不知道自己的老公、兒子、兄弟這一趟的吉凶如何，希望神靈保庇。

半夜剛過，北面鯤鯓廟那邊，響起了密集的槍聲，顯然不是鳥槍的蓬蓬聲，而是清脆的「叭哽、叭哽」響，以前從來沒有聽過。槍聲密密麻麻中，黑夜中忽然大放白光，半空中幾個白晃晃的火球冉冉下降，天空都照亮了一半，緊接著便是一陣卡卡卡密得像連珠爆竹的槍聲；隨著天色漸漸泛白，槍聲也稀疏下來，全村的婦孺老弱都從屋子裡出來，紛紛議論這不寧靜的一夜。

遠遠望見，白濛濛的晨霧中，三三兩兩的人影出現，他們回來了，一個個垂頭喪氣，兩眼血紅，衣破褲碎，有的人還血染黑衫，結成了一大片，有的包頭，有的包手，提到同去的一些人名字，都淒然說到：「翹了，日本仔卡狠，有傷的人躺在地下就用馬刀劈，刺刀捅……」村裡頓時引起一片嚎啕痛哭聲。

夜襲鯤鯓廟這一仗，三寮灣的男人的確了得，他們仗著身手好，地形熟，夜色黑，先把四週放哨打瞌睡的日本兵做翻幾個，摸了他們的馬槍和子彈，膽子便大了起來，沒料到摸到野外的馬廄邊，軍馬跳起來，牽動警戒的銅鈴，驚醒了守衛，連忙喝問，便開起槍來。

侯福壽領頭，毫不答話，一槍回過去，把廟門衛兵撂倒，大夥兒擁進廟門，只是槍聲一響，那些在廟廊上打地舖，脫得精赤條條的日本兵，都嚇得往廟後跑去躲起來，還是吉川中隊長、三個小隊長、和幾個軍曹大聲叱罵中展開還擊，黑漆漆中也不知道來了多少義民，只是他們明治維新剛製造的馬槍，槍雖短，刺刀又快又長，掄起來可當長槍，發射速度快，一陣連放便打倒了不少義民，等到吉川少佐朝空打了幾發照明彈，把廟內廟外照得清清楚楚，便用新製的機關銃掃射，只見義民一堆堆倒下去，只有往廟外退，這一仗的勝負就已經決定了。

幾名日兵把一身鮮血反綁雙手的林秀才，推到廟裡來，吉川正在數自己隊上擺在地面血肉模糊的屍體，一見林秀才，火上心來，跳起身迎面一個耳光，大罵：「八格野鹿，你們這些清國奴，白天談得好好的，晚上卻來廟裡殺皇軍。」

隨軍的鈴木通譯問林秀才有甚麼話說，林秀才吐出嘴裡的鮮血和兩顆斷牙，怒聲說道：「兩國交兵，你們怎麼可以要人少女？」

吉川聽了鈴木通譯的傳譯，怔了半天，怒吼道：「我堂堂大日本帝國皇軍，豈肯要你們三等國民清國奴的女人，是誰說的，我要的『柚米』，就是聞名已久的麻豆小柚子啊。」

林秀才聽了傳譯，長嘆了一口氣：「這是天意啊，三寮灣要遭此一劫。」

吉川少佐挺著腰桿，手按軍刀刀柄，心中想到原來帝國要使「台灣沐浴於皇化之地」，沒想到這些清國奴如此頑強獷悍，使自己吃了大虧。樺山總督的訓示果然不錯：「陸海軍將校若遭遇頑民抵抗，我等於不無顧慮之時，應迅速加以討伐嚴懲，而無所顧忌。」便凶狠狠瞪著一身鮮血的林秀才，一聲斷喝：「山崎曹長！」

滿面胳腮鬍的山崎曹長，馬上跑到中隊長前，腳跟拍的一聲靠攏，兩手貼在褲縫上，大聲答應：「嗨！」

吉川從腰間槍皮套裡，把一枝重甸甸的大型手銃抽出來交給山崎：「送這個清國奴暴民回老家去，爲搜索隊的皇軍復仇！」山錡兩手接過手銃，又是一聲：「嗨！」

兩名日軍把林秀才跟跟蹌蹌往廟門外推出去，山崎曹長跟在後面。

太陽已經高高升起，照得汪洋萬頃的海面碧藍透艷，金黃黃的沙粒閃閃發光，一鋪鋪的雪白浪花在沙灘上捲過，這兒是他摯愛的土地啊！而今以後，要受異族統治了。

林秀才在海灘上剛剛站定，山崎曹長的馬靴，一腳踢在他腿彎上，一聲斷喝：「清國奴，跪下！」他一個踉蹌，對著北方跪在海沙上，嘴裡卻喃喃說道：「太后，皇上，微臣林至誼光緒乙未年在台灣殉國了。」

轟然一聲巨響，那是他一生所聽到的最後聲音。

他頭上盤住的辮子猛然一抖鬆開向上衝，再向前倒，整個身體向前仆下去，胸前湧出的鮮血漸漸浸透了沙灘，紅殷殷的一大片。

三寮灣裡一片悽悽慘慘的哭嚎聲，許多家門口燒著一堆堆的金紙和香燭。侯福壽卻忍住疼痛，扶著裹住的左膀傷勢，派出人挨家挨戶傳話，全村人在未正集合動身逃難，只准帶隨身細軟和吃食，規定用扁擔挑籮筐，不准用牛車，各家飼養的家畜家禽，能殺就殺，能宰就宰，能放就放，一律不准帶，養的狗更要通通紮口繩或者打死。

「阿壽，」福壽嫂輕輕對他說：「無用牛車那會駛？阿素才三歲，阿崙兩歲，你一個人擔哪擔得起，還有吃的飯糰紅豆油鹽怎麼辦？」

福壽氣憤憤罵道：「查某人，啥米都嘸通，想想看，我們是上府城看大戲嗎？用牛車只能走大路，能上山嗎？日本仔今天在收屍安葬，至遲明天早上就派馬隊殺過來，牛屎一堆堆，狗叫汪汪汪，不是指引他們順著追來殺，一村人通通死翹翹嗎？不是我心狠啊，全村人的命第一。」

三寮灣的人，大部份都是婦孺老弱，終於在未正時刻，在慈安宮集合，由侯福壽按照住處編成一組一組，指派男人率領，分頭出發前，嚴格規定大家要聽指揮，往山區躲難；請了李府千歲隨行護隊，必定能保庇大家平安。

他掀開自己所挑的雜細擔讓大家看，保庇了三寮灣近兩百四十年的李老千歲神像就在籮筐裡，要大家放心逃命，不要心慌意亂，害了自己，也害了大家。

這一支零零落落的隊伍，開始頂著下午毒辣辣的太陽，沿著海邊向南走，福壽留在隊伍後面，把兩個精壯的小夥子劉進原、劉進興找來，把一隻黃毛狗交給他們。

「阿原，阿興，你們倆弟兄昨冥摸廟很勇敢，也很辛苦。但我還是要交代你們一件大代誌，今天天黑以後，三寮灣的人都會進山躲進樹林裡，我會到前面去帶隊，我只擔心日本仔的馬隊明天早上追殺過來，我們在前面如果不知道動靜，日本仔馬快，一追上就完了。」

他緊緊望著進原進興這一對雙胞胎兄弟：「我有聽唐山來人講，辮子兵和長毛打仗，他們隊伍都要派後哨，怕被後面的馬隊追上來。你們弟兄倆個當然擋不了馬隊，但是要走在最後面，把一路上連囝仔放的屎，查某丟的月事紙，不要怕骯髒，都要收拾乾淨，免得日本仔馬隊見到了痕跡跟著追。還有，」他指著這一條壯壯的黃狗：「我叫村子裡的人把狗都打死，實在是狗太忠，一定會跟著跑，萬一一叫，怎麼辦？我沒打死小黃，不是福壽叔偏心，因爲這條狗跟我打獵、看家多年，腳勁好，跑得快，而且我不論走多遠多久，牠都有辦法聞出，一定要追上我，我把牠交給你們，我替牠嘴上繫了麻繩，叫不出來，萬一，」侯福壽望望遠處，說道：「你們看見後面遠處起了塵土，那就是日本仔馬隊追來了，就趕緊放開小黃，牠就會飛快來追我，只要牠到我身邊，我就知道馬隊來了，要大家藏躲起來，知影了嗎？」

劉家兩兄弟都點點頭。

「還有一樣，你們絕不要隨隨便便，貪人家的槍，想人家的馬，去殺日本仔，現在他們人多槍好，打不過的，他們只要發現有人死傷，就會停下來細細的搜，一村老小都沒命了，知影嗎？」

進原進興是三寮灣的一對雙胞胎，憨頭憨腦，長得一模一樣，除開家人外，外人一下子還分辨不出來，進原早生半個時辰，收生婆以爲大功告成，正用打碎的磁碗片割臍帶呢，進興又忙忙出世了，弄得一家人手忙腳亂，但也歡天喜地，生了男丁，還是一對，劉家阿婆一二十年來一提到就喜得合不攏嘴，逢人就誇媳婦好。

兩兄弟都長得結結實實，牛犢子似的，不愛寫字讀書，卻專門愛在私塾裡打架，挨了打的人哭哭啼啼去告狀，卻往往說不出是阿原還是阿興動的手。村裡的女孩子晚上冒著蚊子咬，到密密甘蔗田裡去幽會，也分不清來的是哥哥還是弟弟，兩兄弟口風倒是緊，從不戳穿，有福同享嘛。

他們兩兄弟天不怕地不怕，惟有見了福壽叔服服貼貼，因爲他們的三招兩式，都是福壽叔教的，此外下海打魚，進山打獵，也都得了福壽叔眞傳，昨天摸廟，他們各摸了一匹高高大大的日本軍馬想騎回來，沒想到挨了福壽叔一頓罵，又把馬放走了。

「夭壽仔，」福壽扶著自己膀子上的傷，一面罵著：「也不想，今天是誰的世界！台灣馬有這麼高高大大的嗎？何況還烙得有『大日本皇軍』的火印，一下子就叫人查出來逮了去，少不了一頓毒打逼供，還來上喀嚓一刀。」

雖然挨了罵，到手的馬又平白放走了，阿原阿興倒不埋怨福壽，知道這攏是爲自己，也爲一村人的平安；他們便在隊伍的後面掉得遠遠的，入夜進山以後，他們也只敢啃一個飯糰，喝些溪水，不敢生火，人就蹲在樹林的小徑邊打個盹，休息休息。

兩兄弟睡得迷迷糊糊中，覺得小黃在身邊轉來轉去的不安定，把繫住的繩子使勁拖。阿原先醒過來，一下子驚醒了，山下面三寮灣那面村落裡，火燄騰騰，火光燭天，紅光閃閃照亮了夜空，村裡起火了，隱隱約約的還聽見劈劈啪啪的木材燒裂聲。

兩人正驚得傻呆呆時，小黃忽然更緊張起來，耳朵和背脊毛豎起，尾巴往下夾，只是嘴上捆得緊，叫不出聲，阿原抬頭一看，一個騎馬的人影正竄上林間的小徑，身後的火光把他映得清清楚楚，馬右側槍套裡有槍，左面掛有一把馬刀，日本仔！

阿興也發覺了，拉著小黃進林子，躲得不知去向。阿原來不及躲，只有往矮岩下一蹲，也顧不得芒草把手腳割傷縮在草叢裡，人索索地抖，褲襠下一片熱，尿都出來了。

那日本兵縱馬上山，在樹林中也慢下來，索性把馬勒住，翻身下馬，看得出是一個滿面絡腮鬍的大塊頭，嘴裡啐出一口煙草汁，挽住韁繩，轉過來解開褲扣，便嘩嘩的撒一個痛快，熱乎乎騷臭臭的尿水淋了阿原一頭一臉，滴滴答答的往身上淌，卻動也不敢動，這一泡尿使阿原由怕而變成了氣，到日本兵紮好褲扣，把馬變換方向，人站在馬的左側，左手抓住鬃毛，左腳剛剛往鐙上一踏時，阿原從陰陰暗暗的矮岩下撐起身子，一扁鑽就刺在馬右後蹄上，刀光一閃，那馬一聲嘶叫，兩個後蹄向後一蹶，旋風般便跑下山去，腳鐙上還卡著那名日本兵的腿，整個身子在地面上拖；那大塊頭日本兵起先還叫喚著掙扎，拖在地下的腦袋，卻一下子碰然一聲撞到一株樹幹，就軟綿綿地再也沒有聲息了。

吉川少佐和三個小隊長，正下了馬，在三寮灣慈安宮前的廣場打商量。

這天上午，他忍著悲痛，決定把昨晚戰死的二十三具皇軍屍體下葬，留下少數人在鯤鯓廟，看護二十多名傷患和病兵，等待後援，接應布袋嘴的大部隊登陸。集合其餘的人馬，要連夜去追剿暴民。

「報告中隊長，」篠野小隊長說：「《陣中勤務令》規定，傷亡三成就是軍遭殲滅，要換防整補，昨晚本小隊就陣亡曹長一員，士兵五人，士氣和體力都很低，可否明天再出發。」

吉川說道：「你們這些士官生，打仗哪有看書本行事的，你聽說過支那兵家『出其不意，攻其不備』嗎，這班暴民以爲我們死傷慘重，一定會據守待援，不會出剿；我卻偏偏要馬不停蹄，連夜出發，殺他們一個措手不及。鈴木通譯！」

瘦瘦小小戴著圓框眼鏡的鈴木通譯，立刻應聲：「嗨！」

「今天我們槍決掉的那個暴民首領是什麼村子的？」

「他說是三寮灣。」

「好，今天我們第四混成旅團搜索中隊就來一個夜殲三寮灣，把村子裡的人殺它一個雞犬不留，教他們知道知道皇軍膺懲暴民的厲害。」

搜索中隊出發前，先派山崎曹長率騎兵兩名，擔任搜索斥堠。天黑後不久，一騎斥堠回報，三寮灣村落裡一片漆黑，毫無燈火，間或有幾聲狗叫；奇怪的是，村外田裡，還有沒回欄的水牛。

吉川少佐沉吟了一陣子，但還是決定三個小隊分別從北中南三方面殺進村，只留下西面不圍，好把暴民趕到海灘邊一網打盡；又規定只准用馬刀，非必要不准開槍，以免誤傷自己人。

三個小隊人馬在村外散開，各編成三列，第一列衝鋒，第二列放火，第三列擔任預備隊。南台灣的秋夜，除了拍岸的海濤聲外，繁星萬點的夜空下，靜得出奇；搜索中隊的坐騎都在四蹄蹄鐵下包紮了厚布，以免踩在石板路上發聲。儘管如此，漸漸挨近村落時，聒噪的蛙鳴一下子停了，靜得連大海呼吸聲都聽得到。

吉川少佐勒住坐騎，在黑漆漆的村外停下來，村裡一點動靜都沒有。使他想起了《三國演義》中的「空城計」，躊躇了一下，又自己哄自己的說了一句：

「皇軍向う所敵なし！」（皇軍所向無敵！）

他抽出手銃，對空打了一槍，「砰！」的一聲，三個小隊的五十多騎人馬，向村落裡衝去，一面高聲吶喊「殺！」馬蹄奔騰，馬刀閃閃，衝進了村落裡，木架草頂的房舍，已被丟進去的煤油火把引燃，刮刮雜雜燒了起來，照得村落裡十分明亮，到處都雞飛狗叫，卻沒有一個人影出現。

吉川馳到村落中心的廣場——「慈安宮」前，三位小隊長的坐騎也以躍步奔到，大聲報告：「無敵蹤！」

吉川破口大罵，暴民狡猾，早已溜走了，但要把三寮灣整村燒光，才能洩心頭之恨。又下命令給鈴木通譯，把割下來的林秀才腦袋，用廟前旗桿的繩子繫住辮子，升到旗桿頂上示衆，看看誰還有膽量敢抗拒皇軍。慈安宮的側廊與後殿也都丟進了火把，卻燒不起來。

「奇怪！」吉川的心裡打鼓：「莫非這廟有神保祐？」

忽然間，人聲雜沓起來，夾雜著馬匹的達達奔騰蹄聲，火光中，照耀出遠處一騎馬奔躍回來，鐙上拖著一具軟綿綿的人體，好幾名騎兵都攔截不住，緊跟在後面追，想趕上去抓住馬頭的大勒，幾次都被那馬甩脫了，卻正朝廣場飛奔過來，嚇得吉川幾個人連忙閃開，那馬拖的屍體碰然一聲撞到旗桿，馬才停了下來。

吉川和宗谷小隊長趕緊跑上去，把屍體翻了個身，雖然已磨得血肉模糊，卻都看得出是誰來，不禁一聲驚叫：「山崎曹長！」

吉川正俯身擦看山崎週身傷痕時，覺得頸子上忽然涼涼濕濕的，伸手一摸，就著火光一看，竟是紅紅的一手，自己嚇了一跳，抬頭一看，才知道吊在旗桿上林秀才腦袋刀口滴下來的血，不禁打了一個寒噤。

他強自鎮靜，站起身來向三個小隊長說：「山崎曹長馬術精湛，不可能是馬失前蹄摔下來的，但是他身上除了拖擦以外，又沒有外傷，馬刀馬槍都還在套鞘裡，足見他並沒有遭遇暴民，這究竟是怎麼回事？」

幾名士兵七手八腳把山崎的屍體與坐騎分開，把馬牽走。

「站住！」吉川一聲吼叫，他看見山崎這匹馬的右後腳一瘸一瘸的，便要人拿手電來照明，他走過去站在馬側，一伸手把右後蹄向後一扳，又抓了一手血。

「篠野，宗谷，小西，快來看，」他指著傷口：「快刀刺的，都見骨了，又準又狠，暴民下的毒手！」又嘆了一句：

「食いつく犬は吠えつかぬ（咬人的狗不露齒）！看起來要征服台灣並不容易啊。」小西是値星小隊長，吉川少佐要他集合隊伍，連夜向海邊南面追擊暴民。

「從山崎拖擦的傷痕上看，暴民藏身的地方不會太遠。」他作了狀況判斷：「何況我們也要去接應登陸部隊。」

福壽領著全村的老老少少，逃到馬沙溝，從小徑上了狗氳氤山進了樹林；子正時刻，就要大家停下來，散開到樹林裡去休息，到天亮後再決定走還是不走。

他此刻也亂了方寸，不知道該怎麼辦，一村裡上百來個人，老的老，小的小，精壯沒受傷的漢子沒有幾個，大家帶的吃食和水都有限，支持不了一兩天；日本仔馬隊在鯤鯓廟登陸，一定有他的任務，昨晚摸廟這一仗，雙方都死傷不少，會不會追來，自己也不知道，只有坐下來休息一下再說。

福壽嫂背後揹著阿崙，先從雜細擔裡拿出飯團來餵阿素，又把一個葫蘆裝的茶水遞給福壽，福壽接過去，只喝一口，便把葫蘆放下了。把雜細擔另一頭的籮筐蓋掀開，對著李老千歲的神像跪下去，嘴裡喃喃禱告：

「弟子侯福壽，三寮灣全村有難，懇求老千歲神威保庇，全境平安，是行是止，務請恩示。」

他祈求神威顯赫，引領全村逃到蕭壠（佳里）去，不知可否准行，恭恭敬敬磕了三個頭，便擲筊卜杯請示，誰知一擲便是個陰筊，福壽以為不夠虔誠，從籃裡拿出一件白布大褂舖在地上，擲第二次是陰筊，再擲一次依然是陰筊，看起來李老千歲不許他們逃往蕭壟。

福壽喃喃禱告說：「千歲指示不通進前，弟子等自當遵循，但不知是否留在狗氳氤山，敬祈恩示。」第一擲聖筊；再擲，聖筊；第三擲還是聖筊。看卦象，李老千歲要他們待在山上，不要離開。

圍住福壽看卜杯的人，紛紛議論，有些人認為神意如此，留在山上過夜好了；有些人卻認為，老老小小一堆人，山上缺食少水，蚊蛇又多，不如連夜趕蕭壟，好歹是個市鎮，那裡也有親戚朋友，有個容身之地，事情定下來以後，再回三寮灣也可以，山上怎麼能住人。

福壽也勸不住人家，突然，小黃拖著一根繩子，從林徑上竄過來，衝到福壽身邊，高興得直往他身上撲，嘴裡氣喘吁吁，濕答答的舌頭，拚命從繩套裡伸出來，不停舔福壽的手。

福壽大吃一驚，告訴大家立刻疏散躲藏在樹林裡要緊，日本仔馬隊追上來了，大家慌慌張張收拾東西，就往密林裡鑽，這時，劉進原劉進興兩兄弟也趕到了，說日本仔火燒三寮灣，全村都完了；聽到話的人都嚇呆了，查某人更是嚶嚶哭泣起來。

阿原說追來的只有一個日本仔，沒什麼代誌；阿興不知道就放了狗，兄弟兩個也就趕緊趕回來報告。

後路已斷，更使要去蕭壟的人，多了一個理由，逃得越快越遠越好呀，怎麼能死待在山上不動彈，這不是「坐以待斃」嗎？阿原阿興的老爸劉福地，就一力主張馬上趕路要緊。

侯福壽沒有了章法，也就只有聽他們的，要趕夜路去蕭壠投奔親友的各家人，馬上收拾東西，下山趕路。聽福壽的話留在山上的人不多，但對李老千歲的指示也半信半疑。

時刻已經快近寅正時刻，下半夜的寒意漸漸襲上來，臨走時都沒有想到多帶件夾衣，只有把單衣多穿上一件，去蕭壠的人腳步越走越遠，躲在林子裡的人，一家家也由於一天來的悲傷、驚恐、苦痛、和疲勞耗盡了體力，都倚靠著樹幹沉沉睡去。

福壽坐在樹下，仰望著夜空的繁星，偶或有流星在天邊劃過，心頭的千斤重擔，壓得他始終不能入睡，咬著牙支撐，偏偏兩歲的吉崙又餓又冷，高聲哭了起來，怎麼哄也哄不住。

侯福壽感到小黃在身邊繞來繞去，背脊毛聳了起來，嘴裡哼哼有聲，就和打獵時有山豬出現一般，知道有了狀況；便趴在地上，用耳朵挨在地上靜聽，遠處隱隱約約，但卻沉重雜沓的沙沙聲，他知道日本仔馬隊來了，心跳得蹦蹦響，嘴裡又乾又苦，連忙拍掌要大家躲好，不要動彈。

偏偏吉崙哭個不停，三歲的天素也跟著哭了起來，兩個孩子的哭聲，在秋天的下半夜裡，顯得十分淒厲，福壽急得滿頭是汗，只有把一件大褂往福壽嫂一拋，說道：「快摀住他們的嘴，不通哭，日本仔來了。」

兩個孩子齊聲哭，一件薄薄的唐衫，那裡能遮蓋得住，福壽嫂又是哄又是罵，兩個孩子還哭個不休。

遠處有人發話了：「捏死囝仔，免得害了大家。」「還不動手！」

福壽好急，自己的親生骨肉，怎麼下得了手。福壽嫂急得嘴裡唸南無大慈大悲觀世音菩薩，把兩個孩子摟得緊緊的，卻止不住他們的哭聲；忽然，伊急中生智，把肚兜解開，露出鼓鼓實實的兩個奶子，把兩個孩子的頭往下按。

天素和吉崙都是吃娘奶長大的，吉崙斷奶更沒有多久，對媽媽這一處溫暖親近的所在，並沒有忘懷，兩兄弟都含著奶頭在嘴裡啜，哭聲一下子就止住了。

福壽聽見孩子不哭了，才放下了心，但神經卻緊繃繃地愈來愈緊張，從身邊小黃躲躲閃閃，把繩子愈拖愈緊，他就知道日本仔馬隊近了。

這支馬隊沒有順著大路追，卻轉彎上了狗氳氳山的樹林小徑，眞個是「銜枚疾走」，不但騎馬的人沒有聲音，馬蹄裹了厚布，更沒有什麼馬蹄聲響，但是人馬沉重的體重，踩到路面還是震震搖搖的，韁勒的拍擊聲，刀槍背帶的鏗鏘聲，還有馬鼻的噴息聲，都聽得清清楚楚，就在幾步開外經過。領先的騎兵，不時還用馬刀砍斷一些低垂的樹枝椏，隨著密密的樹葉往地下掉，蓬蓬然的一聲，使得福壽的心都跳出了口腔。

這支日本仔馬隊，默默無聲地隨著山徑，越過山脊，往南去了。福壽把耳朵貼住地面靜聽，直到聽不見聲音了，這才拍手要大家從藏身的地方出來，活動活動筋骨，大家都像死裡逃生般，感謝李老千歲保庇，躲過了臨頭的一劫。

「福壽，天光以後我們去蕭壠嗎？」有人急急問道。

「天光以後再說吧。」福壽只有勉勉強強回答，縱管神意指示待在山裡，可是又怎麼擋得住大夥兒不想風餐露宿，要住進市鎮村落的願望。

天色微微亮了，福壽算了一下，今天是光緒二十一年十月十日，但他沒有想到，遠在北面兩千公里遠的東京大本營，已經選定了這天作「登陸日」，以台灣作爲明治建軍以來第一次大規模登陸作戰的演習場，配合北白川宮親王指揮的近衛師團進攻嘉義，海軍與陸軍配合，大舉在台灣布袋嘴、枋寮兩個灘頭登陸，任務爲「圍擊台灣抵抗之頑民，一舉而殲滅之」。

在枋寮灘頭登陸的，爲自澎湖發航的乃木希典中將所率領的第二師團，官兵一萬八千四百人，支援的戰艦爲「吉野號」主力艦，此外還有「秋津洲號」「大和號」「八重山號」與「西京號」四艘巡洋艦，以猛烈的艦砲砲火支援。

在布袋嘴灘頭登陸的，則是從基隆發航，由伏見親王率領的第四混成旅團，官兵一萬六千五百人，支援的戰艦爲「濟遠號」巡洋艦、「浪速號」和「海門號」驅逐艦。

這一次大規模的登陸作戰，計畫作爲的週密與執行的效率，並不遜於卅二年後，中日戰爭中，日軍的金山衛登陸。只是這次登陸作戰的對方，卻是組織已經崩潰，部隊全是烏合之衆的台灣義民。

侯福壽並不知道，這一天日軍即將大舉在南部登陸，不過凌晨開始，愈來愈密的海上隆隆砲聲，卻使他遵奉李老千歲神諭，暫時留在狗氳氤山上，有了強力的支持。

待在山上的三寮灣村民，聽見轟轟隆隆的砲聲，嚇得心膽俱碎，後既無退路，前面又有日本仔，幸虧神意保佑要他們原地不動，要不然就通通死翹翹了。

福壽啃了一個飯糰，嚼了個檳榔，勉勉強強撐起精神，他已經兩天兩夜沒睡了，左膀子的傷，福壽嫂替他塗草藥包紮起來，雖然沒有發炎，卻還是痛，他拚命忍熬住，要村民無論如何要留在山上林子裡，不要亂動亂走，再苦再不方便，也要熬過這幾天。他自己則要到前面去打聽打聽一下動靜，再作決定。

福壽嫂也勸不動他，只見他一身衫褲破破爛爛，左膀子裹著傷，兩眼通紅，腮巴都凹了進去，又是心疼又是害怕：「阿壽，你不通去，你去了我們靠誰，眞要去，也睏一下覺走才是。」

「我何嘗不睏，可是千斤重擔在身，我能睏會去嗎？」福壽嘆了口氣：「我到前面探探路就轉來，這砲聲越來越密，只怕蕭壟那一帶也接上火了。妳好好帶著阿素阿崙，我會小小心心的，放心吧。」

福壽帶了小黃一起走，知道小黃的嗅覺好，老遠的情況可以早早警示他，縱令有日本仔近身，他自信自己的拳腳，還應付得下，兩三個人近不了身，加上小黃那種獵山豬的凶悍，也能幫幫他。

晨霧濛濛，福壽心想，預兆今天又是個晴天，住在山上林子裡還不會受風雨交加的苦；他順著馬隊的腳跡蹄痕往前走，快到山麓時，路兩邊的矮樹與芒草叢似乎都經過踐踏，開開的一大片，好像馬隊在這裡由縱隊一字排開成了橫隊。

他陡然一驚，馬隊隊形作這種變換，只有一個原因：衝殺！

福壽連忙三腳兩步向前趕，小黃的腳勁更快，已經竄到前面去了，嘴裡低低的哀嚎，牠竄進路邊的乾溝裡叼住一個黑團，使勁拖，福壽跑過去一看，竟是阿興的屍體，致命的傷勢是連肩帶背的刀傷。阿興手裡還緊緊抓著一把扁鑽，刀尖上的血跡已經乾乾的成了黑色，似乎他和日本仔拚鬥過。

路遠一點的地方，橫躺著阿原和幾個精壯的小伙子，身邊拋散著短刀和梭槍，一面生藤紮的宋江陣藤牌，竟遭一刀劈成了兩半，一身的血跡都乾成了黑黑的一片，都是刀傷致命；他們似乎在擔任後衛抵擋日本仔，日本仔也夠狠，根本不用槍，仗著馬高腿快，全部用馬刀砍殺。

這些都是向福壽學過功夫的小伙子，福壽含著淚水，咬緊牙關，把他們沒閉的眼皮子闔上，寡不敵衆，怎能瞑目啊！

再往前走一段路，更是淒慘，一堆堆的村民，死在路邊和田地裡，大大小小，老老少少都遭馬刀砍劈得不成人形。他們和福壽這批人分手，連夜趕下山來，以爲天亮時就可以望見遠處蕭蘢裊裊的炊煙，沒料到身後的馬隊，蹄聲像悶雷般追殺上來，他們四散奔逃，哭爹叫娘，那裡有日本軍馬的躍步快，刀光一閃，冷風掠過，就一個個仆倒在這片田野上了。

「眞是斬盡殺絕啊！日本仔，你們好狠心，連囝仔都不放過！」福壽淚水漣漣向天哭訴：「上天有眼，你們一定會得到報應！報應！報應！」

福壽醒過來時，樹林中陰陰暗暗，似乎天快黑了，他揉揉眼睛，從樹根下的草墊上坐起身來，仔細聽聽，四週人聲不斷，但砲聲卻沒有了。

「阿壽，你醒了，卡好睏吧，」福壽嫂輕輕向他說道：「今天早上你轉來時，大家都嚇呆了，只見你一身沾血，身上卻沒有受傷，眼睛呆呆的往前看，問你什麼話也不肯講，只對大家吼了一句『啥人要去蕭壠，我就宰了伊！』我扶著你坐下，你連阿素阿崙都無愛理，我餵了你一杯水，你倒頭就睏了。我知影，你卡勞累了，三天兩夜攏嘸睏啊，現在是不是精神好了一點？」

「我睏多久了？」福壽問道。

「從辰正到現在，都快五個時辰了。」

福壽嘆了口氣，交代福壽嫂：「你找兩塊小膏藥，我記得帶得有，替我貼在太陽穴上，我頭卡痛。」

福壽嫂替他貼上膏藥，輕輕替他揉揉，一面說：「你不准人去蕭壠，現在大家都知影了，剛剛有人從東石港逃到山上的人說，日本仔三面進攻打府城，逢人就殺，遇屋就燒，杜子頭庄，鐵線橋一帶死得好慘，我們幸得李老千歲保庇，沒有下山……」

福壽立刻站起身來，圍著的村民馬上讓開來，圈子裡坐著一對一身襤褸的莊稼漢夫婦，幾乎是哭哭啼啼訴說他們經歷的慘禍：

「……日本仔先是海上開砲轟，岸上煙霧騰天，山都打崩，樹都炸翻，屋子炸碎起火，然後就一小船一小船從海上划槳攏岸……都用槍打刀砍，衝到村外圍，放火燒莊……人跑出來就殺，一堆堆的……啊……可憐啊，幸得菩薩保庇，我們躲在一口枯井裏，才……」

「蕭壟怎樣了？」福壽急急的問道。

「還有啥蕭壟，攏總『消人』了，男男女女攏死翹翹了……」

「……日本仔要殺光、燒光、搶光……」

福壽聽了兩腿發軟，顫顫巍巍走回到自己的雜細擔前，對著神像跪了下去，嘴裡喃喃禱告：

「三寮灣弟子等蒙老千歲保庇，逃過了此一浩劫，倘能返回家園，必定重塑金身，精修宮宇，世世代代香火供奉，永謝神恩。」

他回頭一看，黑壓壓一片人，留在山上的村民，男男女女，老老少少都跪在後面，為了喜獲新生而感恩，對著神像搗蒜般磕頭。

日本爲了佔領台灣，派遣大軍在一八九六年（清光緒廿二年，明治廿九年）十月十日，在台灣的布袋嘴與枋寮兩處灘頭登陸，配合南下的近衛師團，三面合圍，消滅了台灣義民抗日基地——台南的抵抗，沿途採用恐怖的鎮壓手段，屠戮了千千萬萬的義民。

十六年後，也是十月十日這一天，中華民國誕生了，她牢牢記得清廷割讓台澎，使三百萬同胞淪爲異族統治的奇恥大辱。經過二十六年勵精圖治，奮起抗戰日本，在八年的血戰，犧牲了軍民兩千萬人後，終於光復了國土，爲台灣同胞雪了五十年前慘遭焚城屠市，血海般深的世仇。

侯福壽的後裔，也在李老千歲保庇下發了，他的兒子吉崙侯萬蟾，成了台灣南部營建業的大企業家；三位金孫：長孫侯正一，日本明治大學研究所畢業；次孫侯正仁，日本大學畢業；三孫侯正宏，美國哈佛大學研究所畢業，俱各事業有成，光前裕後。然而他們愼終追遠，永遠不忘記自己的根，在台南縣北門鄉的三寮灣，興建了宗祠與族墓，更大加翻修了「慈安宮」，改名爲「東隆宮」，畫棟雕樑，精刻細琢，香火極爲鼎盛，祀奉著從泉城渡海東來，三百多年永遠保庇這一方的李老千歲。

三寮灣風雲（電影劇本）

說明

本電影劇本係根據拙作《東隆宮的故事》（如前）改編而成，素材採用歷史紀載及民間傳說，爲我國電影史上，首度報導一百年前，日本大軍進入台灣時，大肆屠殺，遭受義民誓死抵抗的壯烈故事。

一百年前日軍征台大肆屠殺的將帥

統帥近衛師團長北白川宮能久親王

台灣首任總督樺山資紀海軍大將

第二師團長乃木希典中將

兒玉與後藤（左）

劇情大綱

三寮灣，是台南縣北門鄉濱海的一個小鄉村，魚塭和農田構成了大部分的村地，濱海便是一碧無涯的台灣海峽；在村民聚居的中央廣場，卻有一座畫棟雕樑、美侖美煥的「東隆宮」，香火鼎盛。這處宮內，奉祀著一尊隨國姓爺後來台灣的李老千歲，紅袍金甲，法相莊嚴，被香煙薰得黑黑的法相，濃濃的黑鬍鬚下，嘴角含笑地微微翹起，三百卅七年以來，祂默默地庇護這一鄉強悍純樸的鄉人，有求必應，使信徒得以趨吉避凶，躲過一次又一次的人間浩劫。

一百十四年前，也就是清光緒廿一年乙未（一八九五）年，三寮灣籠罩在一片殺氣騰騰的颱風陰影下。五月起，來自北方兩千公里外在台灣登陸的日本皇軍，企圖席捲全島，要以殘殺膺懲義不帝秦的台灣義民來征服台灣。經過五個月的殺伐，帝國大本營對近衛師團自台北新竹南征的速度過慢，十分不滿，便決定增兵進攻解決。十月十日那天，一個師團自澎湖登陸枋寮，另一個混成旅團自基隆在布袋嘴登陸。第四混成旅團旅團長伏見親王，為了偵察敵情，在「登陸日」的前兩天，派了搜索中隊先在王爺港登陸，佔領一處灘頭陣地，以便接應登陸的大軍；不料卻遭遇三寮灣鄉民的夜襲，展開一場血戰，日軍猝不及防，死傷慘重，但憑藉著新式銳利的武器，對鄉民大肆屠殺，採收「三光」（殺光、燒光、搶光）政策進行報復。

三寮灣的鄉民，在東隆宮李老千歲庇佑下，由當年爐主智勇雙全的侯福壽率領，逃離入山，與日軍鬥智，逃過了這一大浩劫。

而在十月廿八日，台南爲日軍完全佔領後的第七天，進行「三光」征伐的近衛師團長北白川宮親王，在林投港遇襲，遭台灣義民刺客以亂刀砍死。

人物表

一、林正誼：秀才，三寮灣的私塾老師。簡稱「林」。

二、侯福壽：三寮灣「慈安宮」（東隆宮前身）乙未年當爐爐主，村內青年的武術教習，以正直、勇敢、與機智，成爲一村的領導人物。（侯）

三、福壽嫂：侯福壽之妻，纏小腳，標準的賢妻良母。（嫂）

四、天素：侯福壽的兒子，三歲。（阿素）

五、吉崙：侯福壽的次子，兩歲。（阿崙）

六、劉福地：三寮灣的財主，家產殷實，抽鴉片。（劉）

七、劉進原：福地的雙胞胎兒子，身體結實，武術出衆，使用掃刀尤其嫻熟。（原）

八、劉進興：福地的雙胞胎兒子，也愛武棄文。（興）

九、翠花：劉福地的上海籍續絃，風騷潑刺，利口傷人，在村內人見人怕，卻私戀著侯福壽。（翠）

十、秀雲：翠花賠嫁的丫環，活潑可愛，劉福地很想染指，卻礙於翠花沒有成功，翠花也藉秀雲控制住劉福地；秀雲本人卻衷情阿原。（秀）

十一、北白川宮親王：近衛師團師團長，率領大軍接收台灣新領土，由於台灣義軍抵抗，加上不服水土與瘧疾，進軍遲緩，直到增派兩個師團在台灣南部登陸，才使征台工作歸於「平定」，但在十月廿八日在林投港遇刺殞命，凶器是中國傳統的長柄掃刀。（北）

十二、乃木希典中將：第二師團師團長，自澎湖發兵，在枋寮灘頭登陸，擊破義軍義民抵抗，後來擔任台灣第三任總督。（乃）

十三、伏見親王：第二混成旅團旅團長，自基隆發航，在布袋嘴灘頭登陸，（伏）

十四、河邊武彥大佐，近衛師團參謀長。（河）

十五、吉川勇一少佐：日軍第二混成旅團搜索中隊中隊長，驍勇善戰，富於謀略。（吉）

十六、篠野龍雄少尉：搜索中隊小隊長（篠）

十七、宗谷正憲少尉：搜索中隊小隊長（宗）

十八、小西二郎中尉：搜索中隊小隊長（小）

十九、山崎虎之助曹長：搜索中隊曹長（山）

二十、鈴木良成：搜索中隊通譯（鈴）

二十一、三寮灣鄉民若干人。（衆）

二十二、日本兵若干人。（日）

「三寮灣風雲」電影（分場對白劇本）

（在演出時，日本人對白部分用日語，以中文字幕說明）

第一場

景：甫被日軍佔領四個月的台北城，市容破敗蕭索。日軍近衛師團師團司令部門前。

時：清光緒廿一年（乙未，日本明治廿八年，公元一八九五年）九月十日。

人：日軍將校及日軍部隊。

□日軍近衛師團司令部，日旗飄揚，衛兵警衛森嚴，外面有軍樂隊及儀隊列隊，儀隊長身掛指揮刀。

□遠處，一隊騎兵整隊而來，蹄聲雜沓，軍旗飄揚。

□騎隊在司令部前停下，有十幾員將校下馬，儀隊長大聲下達口令：立正！敬禮！軍樂隊奏崇戎樂，儀隊舉槍致敬。

□爲首的兩員將領，一爲第二師團長乃木希典中將，一爲第四混成旅團長伏見親王，在儀隊前舉手答禮，由侍從官及參謀簇擁下，進入師團司令部。

第二場

景：日軍近衛師團司令部作戰室，牆上掛著大幅台灣地圖。

時：同前。

人：日軍將校。

□ 近衛師團長北白川宮能久親王及參謀長河邊大佐，迎接伏見親王、乃木希典中將，及其他將校，在作戰室中就座。

□ 日軍推出大幅地圖及兵要表，上書「擊滅台南頑民聯合作戰計畫」。

□ 近衛師團參謀長河邊大佐擔任講解。

河：兩位殿下、乃木師團長，今年四月十七日帝國與清國政府簽訂下馬關條約，割讓台灣澎湖，本師團即於五月廿九日，在台灣北部三貂角西北海岸澳底登陸，開始接收新沐浴於皇化下的台灣新領土。原來預擬在一個月內完成使命，不料遭遇頑民抵抗，加之以水土不服，瘧疾盛行，進軍遲緩。聖上對此深爲關心，大本營參謀總長小松宮彰仁親王殿下，對皇軍進展遲遲，深覺不耐，故擬訂了本軍「聯合作戰計劃」，增加兵力，要與海軍協力，三面夾擊，一舉消滅頑民的抵抗，肅清匪類，實施統治主權，請貴屬部隊協力進擊。

乃：本師團原駐旅順、大連，一切裝備均以向北京進兵爲主；現改調來澎湖，正改變爲熱帶作戰裝備及訓練中，也扼殺了頑民與清國大陸的交通；但不知道本島島民的抵抗如何？

河：本師團進兵台灣，登陸澳底，在瑞芳，基隆一帶，勢如破竹，但在新竹、三峽、大溪、苗栗、彰化（指地圖）……便迭遭頑抗，苦戰不已，尤其後方頑民還密謀刺殺樺山資紀總督……

伏：啊！

北：所幸已被本師團憲兵隊偵破，四十五人一網成擒，首謀吳得福匪首，已於昨日在台北東門處斬了。

乃：台灣頑民如此激烈抵抗，不知道皇軍進兵有無對策？

北：陸軍大臣大山巖在八月六日下令，台灣實施戒嚴，由陸軍省直轄統治，實施軍事管轄；樺山總督已下令「迅速討伐嚴懲，而無所顧忌。」

伏：何謂「無所顧忌」呢？

北：本師團進兵，對頑民地區，嚴格執行「三光」政策。

乃：甚麼叫做「三光」？

北：那就是「殺光、燒光、搶光」！

乃：啊！

河：兩位殿下及乃木師團長，請看這次聯合作戰計畫要圖：（推出作戰計畫圖，圖上標明路隊及進攻矢標：近衛師團由嘉義向南攻擊；第二師團登陸枋寮；混成第四旅團登陸布袋港。目標：台南。登陸日：明治廿八年十月十日。）

第三場

景：台灣南部海濱王爺港
時：十月上旬一天的凌晨
人：日軍部隊
□ 夜色中，一艘運輸艦在海外下錨，以吊網把一隊日軍人馬，下卸在幾艘小船內，向海邊駛去。
□ 靠近淺海，日軍人馬跳入水中，涉水上岸。
□ 日兵上岸臥倒，端槍警戒，如臨大敵，海濱卻闃然無人。
吉：（上岸後，以手電筒翻閱地圖）鈴木通譯！
鈴：報告中隊長，在！
吉：鯤鯓廟在甚麼地方？
鈴：（仔細察看遠處）左前方遠處屋尖翹起的高大房屋便是。
吉：值星官！
小：嗨！
吉：本中隊暫且駐進廟內，等待後續兵力。這等於孤軍深入敵後，務必嚴加警戒，尤其要維持軍紀，千萬不得與當地人發生衝突。
小：嗨！

第四場

景：三寮灣慈安宮前廣場，遠處即是海邊。

時：大清光緒廿一年十月五日下午。

人：村民群眾

□ 鄉民在侯福壽指揮下演練宋江陣，鼓聲中步伐整齊，動作確實，圍觀的人拍手叫好。

□ 劉阿原、阿興兄弟分別表演掃刀及三節棍。

□ 村外遠處，林秀才踉踉蹌蹌趕來，渾身大汗，侯福壽迎接，兩人進入慈安宮內。

第五場

景：慈安宮內，內殿供有神像多尊，兩廊刻滿石雕字畫，香爐內香煙裊繞，一些民眾正在拜神。

時：下午

人：林秀才、侯福壽、及其他村民。

□ 林秀才對侯福壽耳邊悄稍說話，侯臉色大變，派人出去，把廣場民眾招進廟內。

□ 群眾紛紛擾擾，交頭接耳，把宮內擠得滿滿的。

侯：阿原，阿興！

原　興：福壽叔，在。

侯：把宮門關上，把女客都請出去。

翠（正上香）：爲甚麼不准女眷上香，敬神還分男女嗎？阿壽，你夭壽，讓徒弟欺負我婦道人家嗎？我偏不出去，看你怎樣……（在憤憤不平中，爲幾個村民勸出了宮外。）

侯：（先擊掌引起大家注意）各位鄉親，有要緊代誌向大家說明白，林先從鯤鯓廟來，有重要消息。

林：各位鄉親，昨冥日本仔有一隊人馬在王爺港上岸了，住進了鯤鯓廟。今年五月底，日本仔在北部登岸以後，便向南燒殺，所過之處雞犬不留；尤其在大林，日本仔馬隊強姦簡菁華一族婦女，達八十六人之多……

衆（咬牙切齒，憤憤不已）

林：我三寮灣一帶素來平靜，這批日軍到來，有甚麼意圖，不十分明白，看起來這批日本仔還不亂來。我曾經在上午去鯤鯓廟探探虛實，問中隊長吉川少佐，要些啥米，地方上可以籌備。吉川少佐倒是笑嘻嘻說了一串話，通譯向我翻譯出來，我覺得大事不妙，就趕緊回三寮灣，請大家參詳參詳如何應付。

侯：林先，他說了啥米話大事不妙。

林（嘆了口氣）：吉川少佐說，久聞台灣大大的好，這次只要地方上送出「柚米」就行了。

衆：「柚米」是啥米？

林：「柚米」啊！（揩了揩額頭上的汗，低聲）：就是「幼女」，查某囝仔啊。

眾：（大家不約而同都吼叫起來）：幹！怎麼可以！拚了！

林：（擦擦額頭汗水）：各位鄉親，代誌到了這款地步，府城巡撫大人都跑了，沒有人能救我們，如果我們不送查某囝仔，日本仔馬隊就會殺進村子裡來，逃也逃不掉。爲今之計，我們只有和他們拚，全村男人集合起來，趁著今晚上，我們把鯤鯓廟那一百多個日本仔做掉，全村人都逃進山裡去……福壽，你馬上派人出去守住四條路口，只准進不准出……

第六場

景：三寮灣蔗田

時：入夜

人：阿原、秀雲

原：阿秀，阿秀，（蔗田邊輕輕叫喚）

秀：在這兒。

原：爲什麼不在老地方，我都急出一身汗來。

秀：奶奶從廟裡回來，把氣都出在我身上，又是罵，又是打，你看（捲起衣袖，露出右臂），這兒都揑成青一塊紫一塊的，老爺偷偷給我「黑骨油」來擦，又被奶奶搶過去扔到窗外了，他們兩人吵了起來，我趕緊就溜了……

原：這是什麼時候了，日本仔要亡我們的國，滅我們的族了，家中還吵。

秀：就因爲要逃難，老爺要收拾好田契和鴉片煙燈，奶奶卻不肯走；你們哥倆也不聽勸，要去跟師父和日本仔拚；老爺說這是雞蛋碰石頭，我心裡也怯虛虛的害怕。

原：怕什麼？

秀：怕你去了回不來啊！

原：傻丫頭就是傻丫頭，我去拚還不是爲了妳嗎？

秀：那你答應我，你一定要回來。

原：當然要回來呀。我不回家還能上別的地方去嗎？

秀：那可不一定，上次我就看見你和阿繡在一起。

原：哪有？那是阿興呀。

秀：你弟兄一模一樣，騙得了別人，騙不了我。

原：誰騙了妳了？

秀：只有我知道，你右胸有顆痣。

原：要不要再摸一模，說不定我就是阿興喔。

秀：馬上要分開了，還說笑。

原：（摟住秀）我就捨不得離開妳啊。

第七場

景：三寮灣廣場
時：晚上酉時
人：林秀才、侯福壽、劉進原、劉進興、村民多人
□村民穿著勁裝、黑衣黑褲，紮好褲腳，腰繫番刀，手持刀槍藤牌，從四面八方走進廣場。
□侯福壽集合鄉民編隊。
□林秀才指示，各人在右手上綁上白布條。
□阿興拿了一口鍋，鍋底朝上，要村民把臉塗黑。
□阿原檢查鳥槍，用磨刀石磨手中的掃刀。
林：（站在隊伍前）各位鄉親，今晚我們要爲自己的妻兒子女和日本仔拚了，劉進原領十人先去摸哨，我和福壽領其餘的人去摸廟……大家不要害怕，自古天時不如地利，地利不如人和，咱三寮灣的人都練過武，地理又熟，只要聽從指揮，一定可以殺盡日本仔回來……
□開始調撥村民，阿原先選的青年精壯，成軍後在夜色中消失在村外。
□隊伍扛了刀槍，陸陸續續出發。
□許多好奇的小孩站在村邊目送他們離開。

第八場

景：鯤鯓廟附近田野
時：夜
人：持槍的日軍哨兵、劉進興、鄉民
□　日軍哨兵雙手端了上刺刀的馬槍警戒。
□　劉進興潛進，拋出石子，引哨兵走出，從後方緊緊勒住脖子，哨兵倒地。
□　劉進興揮手，進原率領幾人偷偷前進，侯福壽解下日軍子彈盒，取得馬槍。

第九場

景：鯤鯓廟前
時：夜
人：日軍衛兵、林秀才、侯福壽、劉進原、劉進興、村民
□　日軍在廟外大樹間紮住馬匹，馬匹不安的抓地噴鼻。
□　一個黑影摸近日軍衛兵，刺殺一刀，日軍倒地，其他黑色身影紛紛竄進。
□　一個黑影絆及了一匹軍馬，那匹馬驚跳起來，紮繩的警戒銅鈴響亮。
□　廟門口的日軍衛兵警覺，平端馬槍，喝問：「什麼人？」
□　侯福壽舉起奪來的日本馬槍瞄準，一槍將衛兵打翻。
林：各位鄉親，上！

□　群眾紛紛向廟內衝去。

第十場

景：鯤鯓廟內

時：夜

人：日軍、吉川少佐及部下、三寮灣義民

□　義民手持刀槍衝入廟內。

□　在兩廊打地鋪的日軍，有的從夢中驚醒，赤身逃避；有的即遭村民刺殺。

□　吉川中佐率領小隊長及曹長，從廟內以步槍、手槍對抗，義民火力較弱，只有躲在石柱後掩蔽。

吉：篠野，去把機關槍搬來，宗谷，準備照明彈！

□　吉川朝空中打了幾發照明彈，大放白光，廟內廟外義民黑壓壓地東躲西藏，日軍機關槍連續掃射，義民紛紛倒地。

侯：大家退，我頂住。（瞄準機槍手，一槍命中，義民於火力暫停中，奪門逃出。）

□　林秀才在跑出廟門時，腿部中彈，仆倒在地。

第十一場

景：鯤鯓廟外
時：夜
人：日軍及義民
□ 照明彈照耀，及機槍掃射下，義民不支紛紛倒地。
□ 日軍追出，對負傷的義民，以刺刀猛刺，或以馬刀砍殺。
□ 一名日軍正要以馬刀砍殺林秀才。
鈴：（急叱）：馬鹿，不得動手，他是匪徒老大，拖進去！
□ 兩名日軍架起一身鮮血的林秀才向廟內走。

第十二場

景：鯤鯓廟內
時：黎明
人：吉川少佐、鈴木通譯、林秀才、山崎曹長、日軍
□ 廟內走廊擺著昨夜一戰的死傷日軍，傷兵都在呻吟；醫護兵正忙著換藥、裹傷，死了的日軍一具具屍體並排躺著，血跡斑斑。
□ 吉川少佐正在點數死亡的人數。
□ 兩名日軍把雙手反綁的林秀才踉踉蹌蹌推進來。

□　吉川見了一躍而起，迎面打了林秀才一個耳光。

吉：（大罵）八格野鹿，你們這些清國奴，白天談得好好的，晚上卻來廟裡殺皇軍。

鈴：你有什麼話說？

林：兩國交兵，你們怎麼可以要人少女？

鈴：（傳譯爲日語）。

吉：（怔了半天）　我堂堂大日本皇軍，怎肯要你們三等國民清國奴的女人。我說的「柚米」，就是聞名已久的麻豆小柚子啊。

鈴：（傳譯爲漢語）。

林：（也怔了半天，嘆氣）這是天意啊，三寮灣要遭此一劫。

吉：山崎曹長！

山：（跑來吉川面前，立正敬禮）嗨！

吉：（從腰皮帶解下手槍交給他）送這個清國奴回老家去，爲搜索中隊皇軍復仇。

山：（接過手槍）嗨！（轉面對著押解林的兩名日兵）押這個清國奴到海灘邊去。

兵：（齊聲）嗨！

□　他們推著林秀才踉踉蹌蹌出了廟門。

□　吉川依然怒氣沖沖站在殿前，手按軍刀，瞪著林秀才拖走，再回頭看看廊上的死傷日軍，嘆了一口氣。

第十三場

景：三寮灣海邊沙灘

時：黎明

人：林秀才、山崎曹長、日兵

□ 三名日兵把雙手後縛一身血跡斑斑的林秀才，自鯤鯓廟推出來，林因受傷，行動踉蹌，日兵橫拉直拽，口中叱罵：「快走！快走！」，山崎曹長手持中隊長長管手槍走在後面，面露獰笑。

□ 一行到達海邊沙灘，朝陽東升，陽光照耀在深青色大海與灰黃色沙灘上，浪花雪白耀眼。

□ 一行人到了沙灘，將林秀才押定不動，山崎曹長以馬靴狠狠一腳踢在林秀才腿彎上。

山：（一聲斷喝）清國奴，跪下！

鈴：林秀才向前跪倒，但掙扎著轉面向著北方，朝陽照在他苦痛的面側上，嘴角淌血，挾持他的日兵放開後退。

林：（抬頭北望，喃喃作聲，但清晰可聞）太后、皇上，微臣林正誼光緒乙未年在台灣殉國了！

□ 山崎曹長兩手舉手槍瞄準，扣槍機擊發。

□ 槍聲轟然震動在海邊沙灘上，槍口冒煙。

□ 林秀才身子猛然一震，身向前倒，頭上盤結的辮子震得鬆開向上沖起，胸口湧出的鮮血，越來越多，浸染沙灘，殷紅色的一大片。

□ 山崎得意的笑了，吹去槍口的煙，對著屍體啐了口口水，率領兩名日兵離開，走向鯤鯓廟。

第十四場

景：三寮灣村落

時：黎明

人：村民、翠花、秀雲、福壽嫂

□ 家家户户都在求神拜佛，祈禱天佑，保護丈夫兒子兄弟安全回來。

□ 霧色濛濛，黎明光線甫露，一家家人都倚閭而望，走到外面來，輕輕的交頭接耳。

□ 福壽嫂在慈安宮外香爐前燒香磕頭，祈求李老千歲庇佑侯福壽平安回來。

□ 翠花帶著秀雲從霧中走來，手中拿著香燭金紙。

村婦甲：劉阿婆，你也來拜拜了。

翠：甚麼阿婆不阿婆的，把人都叫老了，一大早的，真霉氣。

秀：阿媽，你要稱奶奶才是。

村婦乙：一大早來拜拜，求天公保佑阿原阿興，你真太好心了。

翠：這些婆娘眞雞婆，甚麼阿原阿興的……喲，福壽嫂你也在這兒燒香呀！

嫂：透早拜天公，求老千歲保庇這一村人。

翠：全村的男人都去殺日本仔了，只有我家老鬼還躺在床上抽鴉片，說日本仔也是人，來了還不是一樣的交糧納稅。

村婦乙：只是日本仔要幼女呀，大林蒲的簡菁華也這樣說；他要歸順，日本仔先要他交三百查某去慰安，就這樣殺了起來，一族的查某八九十人，攏抓了去大鍋炒。

翠：眞難聽，這些雞婆（對秀雲），走開點，不要聽這些髒話。

嫂：全村男人不去上陣，我們老老小小有誰顧啊。

秀：（大叫）：他們回來了！阿原。

□　迷濛濛的曉霧中，看見一個個黑影零零落落走了回來，垂頭喪氣眼光呆滯，顯然力盡筋疲，衣褲破碎碎的，有的還血跡斑斑；有的還扛著土槍，有的空著手回來……

□　秀雲跑上去摟住阿原，阿原神情落寞，眼光無神，看見秀雲才有一點生氣。

□　福壽嫂與翠花同時發現一個魁梧的身影走過來，左袖都被血浸透了，卻還揹著一支擄獲來的日本馬槍；不約而同叫了起來：「福壽！」跑過去，福壽嫂的小腳走不動，一顛一顛的，翠花把金紙都甩了。

嫂：阿壽，你回來了！

翠：福壽，你受傷了！

福：（悲從中來）：三寮灣這一回落敗了，村裡的後生仔卡勇，只是日本仔槍火卡快，很多人攏翹了；日本仔卡狠，有傷的人躺在地下，就用馬刀劈，刺刀捅……

□　許許多多村婦都嚎啕痛哭起來。

第十五場

景：三寮灣村落
時：破曉時分
人：村民

□　好些户屋子前，有些村民一家男男女女痛哭嚎啕，在門前燒香點燭焚香紙。

□　家家户户都顯得緊張、慌亂，收拾細軟，捆紮衣物，女人忙著把做好的飯糰煎粿包好，往雜細擔裡裝。

□　打死養狗的淒厲哀叫聲。

第十六場

景：三寮灣慈安宮
時：天亮時刻
人：侯福壽

□ 侯福壽左膀裹著傷，還咬牙忍住痛楚，忙忙碌碌指揮村民，要他們準備妥當。

侯：沿村報信，未正出發，遲了就會被日本仔趕來殺得死翹翹，快去！

村：知影。

□ 侯福壽進宮，在神龕前跪下，唸唸有詞：

侯：「本宮當年爐主，弟子侯福壽稟告，今全村有難，恭請李老千歲聖駕隨行，保庇全境平安。」

□ 侯福壽恭恭敬敬磕頭，在神龕上請下李老千歲神像，拂去像上香灰及塵土，雙手捧在胸前，慢慢走出。

第十七場

景：侯福壽家

時：辰正時刻

人：侯福壽、福壽嫂、阿素、阿崙

□ 福壽嫂正忙忙碌碌，準備雜細擔，阿素、阿崙似乎也感到氣氛的緊張，傻呆呆坐在灶邊。

□ 侯福壽走進屋裡，把雜細擔一頭掀開，放下神像，用擔布遮上，阿素阿崙趕緊跑過來，抱住福壽的腿叫爸爸。

□ 侯福壽皺著眉頭，看著滿滿的雜細擔。

侯：阿珠呀，帶的東西太多了，要甩掉，人都快沒命了，要東西做什麼。

嫂：（輕言細語）阿壽，無用牛車那會駛，阿素才三歲，阿崙兩歲，你一個人擔哪擔得起，還有吃的飯糰紅豆油鹽怎麼辦！

候：（生氣）查某人，啥米都嘸通，想想看，我們是上府城看大戲嗎？用牛車只能走大路，能上山嗎？日本仔今天在收屍安葬，至遲明天就派馬隊殺過來，牛屎一堆堆，狗叫汪汪汪，不是指引他們順著追來殺，一村人通通死翹翹嗎？不是我心狠啊，全村人的命第一。

第十八場

景：劉福地宅

時：上午

人：劉福地、翠花、秀雲、阿原、阿興

口　翠花指使秀雲收拾細軟，一面絮絮叨叨不停的罵：「這都是作孽的報應，沒有一個好東西，老的只知道抽鴉片，上府城看大戲，吃花酒，找女人；兩個小的只知道練刀耍棍，泡丫頭，在外面鬼混，從來不顧家。我要一個人外管田地莊院，內管柴米油鹽，我是八臂的哪吒，還是千手的觀音，要逃命了，誰都撒手不管……

劉：好了好了，少說幾句行不行，託祖宗的福，阿原阿興都回來了，撿回兩條命……

翠：他們的死活與我屁相關……

口 阿原、阿興進來，翠花連忙改口。

翠：今天早我還到慈安宮拜老千歲，求神包庇他們呢。

原：阿爸，有什麼東西要收拾的。

劉：不必那麼大驚小怪的，日本仔也是人，都是林秀才惹出來的禍；我看，也不要多帶東西，上山躲個一兩天，日本仔走了就回來；不過，秀雲喲，千萬記得帶我的煙具。

翠：你要上山逃難，還要抽鴉片煙嗎？

劉：我不抽煙，哪有力氣走路啊。

興：昨冥摸廟，我和哥都摸了一匹日本仔的馬，又高又大，福壽叔一頓罵，我們又把馬放走，有馬就可以給阿爸騎了。

劉：侯福壽是個死頭殼，我就不知道他爲什麼下午未正就逃難，日本仔人少地不熟，又死了不少人，埋屍都來不及，敢追過來嗎？

翠：我也是這樣想。

劉：好了好了，你們都一鼻孔出氣，把人氣死去，這一路你們都離遠一點，只要秀雲服侍我就行了。

第十九場

景：三寮灣廣場

時：下午未時（兩點）

人：侯福壽、阿原、阿興及村民

□ 村民扶老攜幼，男人各自挑著雜細擔，女人揹著包袱或小孩，但不凌亂。在侯福壽指揮下，分成一組一組，迤迤邐邐，沿著小徑向山區走去；每個人都戀戀不捨地回頭望望離別的家園，田裡還留有三三兩兩的水牛和鵝鴨；毒辣辣的日頭，沈重的負荷，使得大家喘息連連，汗如雨下。

□ 侯福壽和阿原、阿興三人留在隊伍的最後面，眼看著隊伍走遠了，他把一隻繫了口罩的壯實土狗，交給這對雙胞胎，叮嚀他們：

侯：阿原、阿興，你們兩兄弟昨冥摸廟很勇敢，也很辛苦，但我還是要交代你們一件大代誌，今天天黑以後，三寮灣的人都會進山躲進樹林裡，我會到前面帶隊，我只擔心日本仔的馬隊明天早上追殺過來，我們在前面如果不知道動靜，日本仔馬快，一追上就完了。我有聽唐山來人講，辮子兵和長毛打仗，他們都要派後哨，怕被後面的馬隊追上來。你們弟兄兩個當然擋不了馬隊，但是要走在最後面，把一路上囝仔放的屎，查某丟的月事紙，不要怕骯髒，都要收拾乾淨，免得日本仔馬隊見到了痕跡跟著追。

還有，（他指著這一條壯壯的黃狗）我叫村子裡的人把狗都打死，實在是狗太忠，一定會跟著跑，萬一一叫，怎麼辦？我沒打死小黃，不是福壽叔偏心，因爲這條狗跟我打獵、看家多年，腳勁好，跑得快，而且我不論走多遠多久，牠都有辦法聞出，一定要追上我。

我把牠交給你們，我替牠嘴上繫了麻繩，叫不出來，萬一，（他望望遠處，說道）你們看見後面遠處起了塵土，就趕緊放開小黃，牠就會飛快來找我，只要牠到我身邊，我就知道馬隊來了，要大家躲藏起來，知影了嗎？

□ 劉家兩兄弟都點點頭。

侯：還有一樣，你們絕不要隨隨便便，貪人家的槍，想人家的馬，去殺日本仔，現在他們人多槍好，打不過的，他們只要發現有人死傷，就會停下來細細的搜，一村老小都沒命了，知影嗎？

第廿場

景：王爺溪附近田地

時：下午三時

人：日軍

□ 田地裡新築的墳堆，前植一塊木板，墨跡未乾，大書「大日本皇軍第四混成旅團搜索中隊戰歿之靈」

□ 殘餘的搜索中隊官兵列隊在墓邊。

□ 號兵吹奏哀悼號。

□ 值星官小西中尉大聲下令：「敬禮！」全體向墳墓行敬禮，軍官士官撇刀，士兵舉槍。

第廿一場

景：鯤鯓
時：下午四時
人：吉川搜索中隊的日軍
口　搜索中隊正從墓地回來，軍馬卸鞍，士兵架好槍枝，換洗染血的衣褲，抽著香菸，坐在廟內及廣場樹下休息。
口　中隊長吉川少佐召集幹部提示任務，要全中隊休息四個小時，連夜出發。
篠：報告中隊長，《陣中勤務令》規定，死亡三成就是軍遭殲滅，要換防整補，昨晚本小隊就陣亡曹長一員，士兵五人，士氣和體力都很低，可否休息一晚，明天再出發。
吉：你們這些士官生，打仗哪有看書本行事的，你聽過支那兵家「出其不意，攻其不備」嗎，這班暴民以爲我們死傷慘重，一定會據守待援，不會出動，我卻偏偏要馬不停蹄，連夜出發，殺他們一個措手不及。鈴木通譯！
鈴：（瘦瘦小小戴著圓框眼鏡）：嗨！
吉：今天我們槍決掉的那個暴民首領是什麼村子的？
鈴：他說是三寮灣。
吉：好，今天我第四混成旅團搜索中隊也來一個夜襲三寮灣，把村子裡的人殺他一個雞犬不留，叫他們知道知道皇軍報仇膺懲暴民的厲害，山崎曹長！

山：嗨！

吉：你率領兩名斥候騎，天黑後去三寮灣偵察，有甚麼動靜，都派人向我報告。

山：嗨！

第廿三場

景：三寮灣

時：入夜

人：山崎曹長及兩騎斥堠

□　三騎人馬前來三寮灣偵察，馬蹄都裹著厚布，以免發聲。他們悄悄停在村外，村莊中漆黑一片，闃然無人，只有蛙鼓噐雜，螢火蟲閃閃飛舞。

□　山崎發現，水田中還臥有水牛沒有回村，十分奇怪，輕聲吩咐堠騎：

山：天谷！

兵：嗨！

山：回去報告中隊長，村落中並無敵蹤，毫無動靜，黑漆一片，我們在這裡監視。

兵：嗨！（策馬疾馳消逝在黑夜裡）

第廿三場

景：鯤鯓廟
時：夜
人：吉川中隊人馬
口　一騎斥堠飛奔而來，在廟前滾鞍下馬，跑步進入廟內。
口　吉川少佐匆匆從廟内出來，下令值星官小西中尉：「全隊集合！」
口　小西中尉令武裝齊全的人馬排成連橫隊。
口　小西中尉向吉川敬禮，報告：「全中隊應到一二三人，實到六十二人，完畢！」
口　吉川不耐地將右手舉起向前揮，撥轉馬頭向黑暗中出發，全中隊人馬靜靜跟在後面。

第廿四場

景：三寮灣
時：夜
人：吉川中隊
口　吉川中隊人馬立定，吉川在聽取山崎曹長的另一名堠騎報告：
吉：山崎曹長呢？
兵：報告中隊長，他到前面偵察去了。

吉：嗯。（回頭輕聲），小隊長集合。

□ 三名小隊長脫離本小隊，騎馬來到吉川座騎前。

吉：村裡一點動靜也沒有，很可能暴民埋伏在內，引誘我軍深入；也可能是空城計，但不管如何，我們採取「燒光殺光」的辦法，分三面攻進去。小西小隊，隨我從北面攻；篠野小隊，從東面；宗谷小隊，從南面；放火以後，村民會向西面的海灘逃命，這時只要趕不要動手，把們都趕到海灘，我們就一次衝殺過去。記住，不准用槍，免得傷了自己人，全部用刀，聽我的槍聲一響就是訊號，集合點在慈安宮廣場，聽到了嗎？

小西：

篠野：嗨！

宗谷：

第廿五場

景：三寮灣

時：夜

人：吉川中隊

□ 吉川中隊人馬分成三個小隊，各小隊排成三列，漸漸逼進村莊。

□ 吉川策馬當先，抽出手槍，對空鳴放一槍。

□　三小隊日軍大聲喊「殺！」策馬快步衝進村內，一面丟擲煤油火把，一面高舉馬刀衝刺，準備砍殺暴民。

□　村中各處火勢大起，刮刮雜雜，火燄熊熊，照亮了夜空，間或雞飛狗跳，但卻沒有人影。

□　火勢越來越大，照亮了附近海濱，沙灘上也寂然無人。

第廿六場

景：山坡樹林邊

時：夜

人：阿原、阿興及土狗小黃

□　阿原、阿興坐在山坡樹下打盹。

□　土狗小黃似有預感，哼哼有聲，拚命拉動繩索。

□　驚醒了的阿興，一看之下，口呆目瞪，連忙搖醒阿原。

興：阿原，阿原，快看，村中起火了。

□　阿原驚得跳了起來。

□　遠遠處山下的三寮灣四處火起，愈燒愈猛，火燄騰騰，黑煙上衝，連海邊沙灘與魚塭，都照得清清楚楚。

□　小黃更為緊張，耳朵與背毛都豎起，夾著尾巴，低聲嗚咽。

興：阿原，不好了，日本仔來了。

第廿七場

景：樹林深處

時：夜

人：阿原、阿興、山崎曹長

□ 阿原阿興緊張地躲進林內。

□ 一個騎兵人影正竄上林間小徑，身後的火光把他映得清清楚楚，馬右側槍套有槍，左面掛有一把馬刀，日本仔。

□ 阿原趕緊蹲在路邊矮岩下。

□ 阿興牽著小黃，連忙逃進了林中深處。

□ 那日本兵縱馬上山，在樹林中也慢下來，索性把馬勒住，翻身下馬，看得出是一個滿面絡腮鬍的大塊頭，嘴中啐出一口煙草汁，挽住韁繩，轉過身解開褲扣，便嘩嘩的撒一個痛快，熱乎乎騷臭臭的尿水淋了阿原一頭一臉，滴滴答答的往身上淌，卻動也不敢動。

□ 日本兵紮好褲扣，把馬牽換方向，人站在馬的左側，左手抓住鬃毛，左腳剛往蹬上一踏時，阿原從陰暗的矮岩下撐起身子，一扁鑽就刺在馬右後蹄上，刀光一閃，那馬一聲嘶叫，兩個後蹄向後一蹶，旋風般便跑下山去，腳鐙上還卡著這名日兵的腿，整個身子在

□　地面上拖。

□　那大塊頭日本兵起先還叫喚著掙扎，拖在地下的腦袋，卻一下子碰然一聲撞到一株樹幹，就軟綿綿地再也沒有聲息了。

第廿八場

景：慈安宮前廣場

時：夜

人：吉川中隊人馬

□　三寮鄉全村火焰騰騰，燒得木料劈劈啪啪作響。

□　吉川馳到慈安宮前廣場，下令鈴木通譯。

吉：鈴木，把那個槍決掉的暴民首級，懸掛在這根旗桿上示衆，看看誰還有膽量抗拒皇軍。

□　鈴木遵照指示，用旗桿繩子結住林秀才腦袋的辮子扯升上去。

□　三名小隊長的坐騎奔躍而來，在廣場上停住，各各大聲報告：「無敵蹤！」

吉（破口大罵）：馬鹿野郎，這裡的暴民眞狡猾，早已溜走了！我要把全村燒成一片平地，才能洩我心頭之恨！（他對小西小隊長說：）這座破廟爲甚麼不放火燒掉？

小：我們已拋進幾十個火把了，卻燒不起來。

吉：（沉吟）莫非這座廟眞有神保佑？

口　人聲雜沓，夾雜著「趕上去抓住！抓住！」

口　馬匹的達達奔騰蹄聲，火光中，照耀出遠處一騎馬奔躍回來，鐙上拖著一具軟綿綿的人體，好幾名騎兵都攔截不住，緊跟在後面追，想趕上去抓住馬頭的大勒。

口　那馬甩脫了，卻正正朝廣場飛奔過來，嚇得吉川幾個人連忙閃開，那馬拖的屍體碰然一聲撞到旗桿，馬才停了下來。

口　吉川和宗谷小隊長趕緊跑上去，把屍體翻了個身，雖然已磨得血肉模糊，卻都看得出是誰來，不禁一聲驚叫：「山崎曹長！」

口　吉川正俯身察看山崎週身傷痕時，覺得頸子上忽然涼涼濕濕的，伸手一摸，就著火光一看，竟是紅紅的一手，自己嚇了一跳，抬頭一看，才知道是吊在桿上林秀才腦袋刀口滴下來的血，不禁打了個寒噤。

吉　（強自鎮靜，站起來對三個小隊長說）山崎曹長馬術精湛，不可能是馬失前蹄摔下來的，但是他身上除了拖擦以外，又沒有外傷，馬刀馬槍都還在套鞘裡，足見他並沒有遭遇暴民，這究竟是怎麼回事？

第廿九場

景：慈安宮側

時：夜

人：吉川中隊人馬

□　幾名士兵七手八腳把山崎的屍體與坐騎分開，把馬牽走。

吉　（一聲吼叫）：站住！

□　他們見山崎這匹馬的右後腳一瘸一瘸的便要人拿手電照明，他過去站住馬側，一伸手把右後蹄向後一扳，又抓了一手血。

吉　（指著傷口）篠野，宗谷，小西，快來看，快刀刺的，都見骨了，又準又狠，暴民下的毒手！（又嘆了一句：）食いつく犬は吠えつかぬ！（咬人的狗不露齒），看起來要征服台灣並不容易啊。值星官！

小：嗨！

吉　集合隊伍，連夜向海邊南面追擊暴民。

小：報告中隊長，中隊官兵廿四小時內，只休息了三小時，人困馬乏……

吉：我知道。作戰追擊就是要死生不顧，竭盡全力，用盡最後一滴力量緊緊追，一分鐘都不放過，我們累，暴民也累；如果休息下來，暴民早已溜走了，如何爲戰歿的皇軍復仇？

小：嗨！

吉：從山崎拖擦的傷痕上看，依我的狀況判斷，暴民藏身的地方不會太遠。何況我們也要去接應登陸部隊。

第卅場

景：狗氳氤山樹林

時：夜

人：三寮灣村民

口　三寮灣村民經過長途跋涉，在毒日頭上慢慢上了山坡，進了樹林。

口　侯福壽把各組組長集合起來，交代幾件事情：

侯：各位鄉親，我們已經逃到山上來了，暫時還很安全，現在我們在這裡休息，天亮以後再作決定到甚麼地方去，休息的時候，大家都要小心：不許生火點燈，一怕引燒樹林，二怕日本仔看到。讓囝仔早早睡，免哭出聲來。一有動靜，我拍掌爲號，大家就攏藏身起來。

村民甲：福壽，要在山上待多久，我們一家只帶了些飯糰和煎粿，支持不了一兩天。

村民乙：我們的茶水一路都喝光了，山上又沒有水。

劉：阿原阿興都被你派出去了，我年紀大了，身邊兩個查某，老的老，小的小……

翠：死鬼，妳嫌我老了不是？

劉：我沒說妳呀……我看，反正也躲過禍了，休息一下就回三寮灣吧。

翠：回家去抽你的鴉片煙是不是？我可不要回去，要跟著你這個老不死的回去當幼女，慰安日本仔嗎？

劉：你不回去也好，有秀雲跟我去就好了。

翠：你倒想得好，老牛想吃嫩草，告訴你，你敢！你死了這條花心吧。

侯：別吵別吵，各位鄉親，我們死生一條命，要活大家活，死一起死。我也知道這麼多人，吃的喝的都沒有，在這一兩天大家都要忍著點兒，把吃的飯糰喝的水，幫助那些沒有的，尤其是囝仔。現在，大家不要你一嘴我一舌的，我們來問問李老千歲，看看該怎麼辦。

□　他把雜細擔另一頭的籮筐蓋掀開，對著李老千歲的神像跪下去，嘴裡喃喃禱告：

侯：弟子侯福壽，三寮灣全村有難，懇求老千歲神威保庇，全境平安，祈求神威顯赫，引領全村逃到蕭壠（佳里）去，不知可否准行，恭請恩示。磕了三個頭，便擲筊卜杯請示，誰知一擲便是個陰卦，福壽以爲不夠虔誠，從籃裡拿出一件白布大褂鋪在地上，擲第二次是陰卦，再擲一次依然是陰卦。

民：看起來李老千歲不許我們逃往蕭壠。

侯　（喃喃禱告說：）千歲指示不通進前，弟子等自當遵循，但不知是否留在狗氤氳山，敬祈恩示。

□　第一擲勝聖卦；再擲，聖卦；第三擲還是聖卦。

民：看卦象，李老千歲要我們待在山上，不要離開。

□　圍著福壽看卜杯的人，紛紛議論，有些人認爲神意如此，留在山上過夜好了；有些人卻認爲，老老小小一堆人，山上缺食少水，蚊蛇又多，不如連夜趕到蕭壟，好歹是個市鎮，那裡也有親戚朋友，有個容身之地，事情定下來以後，再回三寮灣也可以，山上怎麼能住人。

□ 福壽也勸不住大家，突然，小黃拖著一根繩子，從林中小徑竄過來，衝到福壽身邊，高興得直往他身上撲，嘴裡氣喘吁吁，濕答答的舌頭，拚命從繩套裡伸出來，不停舔福壽的手。

□ 福壽大吃一驚，告訴大家立刻疏散躲藏在樹林裡要緊，日本仔馬隊要追上來了，大家慌慌張張收拾東西，就往密林裡鑽，這時，劉進原劉進興兩兄弟也趕到了

原：日本仔火燒三寮灣，全村都完了。

□ 聽到話的人都嚇呆了，查某人更是嚶嚶哭泣起來。

原：追來的只有一個日本仔，沒什麼代誌，阿興不知道就放了狗，我們也就趕緊趕回來報告。

劉：我的家全完了，房子、田地、糧食、店面都沒有了（唏噓），要趕緊走呀，逃得越快越遠越好呀，怎麼能死待山上不動彈，這不是「坐以待斃」嗎？我主張馬上趕路要緊。

侯：各位鄉親，既然如此，大家要去蕭壟投奔親友的我也不阻攔，要留在山上的，我會和大家一起。

劉：阿原，阿興，現在收拾東西，馬上下山去，我一身都軟了。

原（對翠）：媽，你就給老爸幾個煙泡吞吞抵癮吧，他走不動，還要我們來揹啊。

翠：這老不死的，他哪要你們揹，一心只想秀雲扶著他。

第卅一場

景：狗氤氳山邊

時：下半夜

人：侯福壽，阿原。

□ 要去蕭壠連夜趕路的人，紛紛捆起行裝，挑的挑，揹的揹，小孩多半都睡熟了，有的在雜細擔裡，有的揹在媽媽背上。

□ 要走的人有些把帶的飯糰吃食和米，都留下來給山上的人。

侯 阿原。

原：福壽叔，有甚麼代誌？

侯：我眞的不放心下山去蕭壟的人，攏是老的老，小的小，全靠你們幾個精壯護衛，你們一定要好好保護，一防日本仔，二防土匪。我把這把掃刀送你帶去。

原：這是福壽叔疼愛的武器，怎麼可以？

侯：我知道你練過武，掃刀用得最好，比我還強，這種武器全看人，平時用來砍樹削枝，比武用來劈殺對手；我有了日本仔一枝馬槍可以防身，這柄刀就送給你了，遇到日本仔馬兵衝殺時，這種刀上可護身，下砍馬腳，鋒利不過，岳王爺破金兵拐子馬，就是這款「麻札刀」。（將一柄掃刀遞給阿原。）
原：多謝福壽叔了（雙手接刀），再見。
侯：再見。（眼含淚水，目送他的高足隨著隊伍走下山去）

第卅二場

景：狗氳氤山內
時：下半夜
人：侯福壽、福壽嫂、吉崙、天素、村民、吉川中隊。

口 時刻已經快近寅正時刻，下半夜的寒意漸漸襲上來，臨走時都沒有想到多帶件夾衣，只有把單衣多穿上一件，去蕭壟的人腳步越走越遠，躲在林子裡的人，一家家也由於一天來的悲傷、驚恐、苦痛、和疲勞耗盡了體力，都倚靠著樹幹沉沉睡去。

口 福壽坐在樹下，仰望著夜空的繁星，偶或有流星在天邊劃過，心頭的千斤重擔壓得他始終不能入睡，咬著牙支撐，偏偏兩歲的吉崙又餓又冷，高聲哭了起來怎麼哄也哄不住。

口 侯福壽感到小黃身邊繞來繞去，背脊毛聳了起來，嘴裡哼哼有聲，就和打獵時有山豬出現一般，知道有了狀況，便趴在地上，用耳朵挨在地上靜聽，遠處隱隱約約，但卻沉重雜沓的沙沙聲，他知道日本仔馬隊來了，心跳得蹦蹦響，嘴裡又乾又苦，連忙拍掌要大家躲好，不要動彈。

□　偏偏吉崙哭不停，三歲的天素也跟著哭了起來，兩個孩子的哭聲，在秋天的下半夜裡，顯得十分淒厲。

侯　（急得滿頭是汗，只有把一件大褂往福壽嫂一拋，說道：）快搗住他們的嘴，不通哭，日本仔來了。

□　兩個孩子齊聲哭，一件薄薄的唐衫，哪裡能遮蓋得住，福壽嫂又是哄又是罵，兩個孩子還哭個不休。

村民：（遠處有人發話）掐死囝仔，免得害了大家。

村民：還不動手！

□　福壽好急，自己的親生骨肉，怎麼下得了手。福壽嫂急得嘴裡唸南無大慈大悲觀世音菩薩，把兩個孩子摟得緊緊的，卻止不住他們的哭聲；忽然，伊急中生智，把肚兜解開，露出鼓鼓實實的兩個奶子，把兩個孩子的頭往下按。

□　天素和吉崙都是吃娘奶長大的，吉崙斷奶更沒有多久，對媽媽這一處溫暖親近的所在，並沒有忘懷，兩兄弟都含著奶頭在嘴裡啜，哭聲一下子就止住了。

□　福壽聽見孩子不哭了，才放下了心，但神經卻緊繃繃地愈來愈緊張，從身邊小黃躲躲閃閃，把繩子愈拖愈緊，他就知道日本仔馬隊近了。

□　這支馬隊沒有順著大路追，卻轉彎上了狗氳氤山的樹林徑，眞個是「銜枚疾走」，騎馬的人沒有聲音和馬蹄聲響，但是人馬沉重的體重，踩到路面還是震震搖搖的，韁勒的拍擊聲，刀槍背帶的鏗鏘聲，還有馬鼻的噴息聲，都聽得清清楚楚，就在幾步開外經過，領先的騎兵，不時還用馬刀砍斷一些低垂的樹枝椏，隨著密密的樹葉往地下掉，蓬蓬然的一聲，使得福壽的心都跳出了口腔。

□　日本仔馬隊，默默無聲地隨著山徑，越過山脊往南去了，福壽把耳朵貼住地面靜聽，直到聽不見聲音了，這才拍手要大家從藏身的地方出來，活動活動筋骨，大家都像死裡逃生般，感謝李老千歲保庇，躲過了臨頭的一劫。

村民：（有人急急問道）福壽，天光以後我們去蕭壠嗎？

福壽：（勉勉強強回答）天光以後再說吧。

第卅三場

景：狗氳氤山

時：拂曉

人：侯福壽及村民

□　福壽嫂背後揹著阿崙、先從雜細擔裡拿出飯糰來餵阿素，又把一個葫蘆裝的茶水遞給福壽，福壽接過去，只喝一口，便把葫蘆放下了。

□　突然，遠處傳來隆隆的砲響，愈來愈密。

□　村民都相驚失色，後無退路，前有日軍，嚇得心膽俱碎，幸虧神意保佑要他們原地不動，要不就通通死翹翹了。

第卅四場

景：吉野號主力艦指揮台，枋寮外海
時：十月十日　拂曉
人：乃木希典師團長，小澤司令，第二師團及海軍將校。
□ 乃木希典師團長與海軍小澤司令，在艦橋上舉望遠鏡窺探枋寮灘頭。
□ 日軍各艦「秋津州」「大和」「八重山」「西高」正進行猛烈砲轟，灘頭彈著點紛紛爆炸，濃煙與塵土掀起。
□ 運輸艦紛紛逼近海岸。
□ 官兵從艦上攀援網梯下降到登陸小艇上。
□ 小艇泛水集合，成一列列舟波向海岸駛去。
□ 艦砲延伸射程，彈著點改向內陸。
□ 登陸部隊時涉水搶灘，日本軍旗飛揚，引導官兵攻向預定目標。
□ 枋寮海灘根本沒有清軍及義民抵抗。
□ 內陸打出兩發綠色信號彈，表示第一波登陸成功。
□ 乃木微微笑了，舉手向海軍小澤司令翹起大拇指。

第卅五場

景：布袋嘴海外，「濟遠號」巡洋艦指揮台

時：十月十日　拂曉

人：伏見親王旅團長，日本海軍及第四混成旅團將校。

□　布袋嘴灘頭在晨曦下一片平靜。

□　指揮台上，伏見親王俯看手錶：「五點五十九分五十五秒，五十六秒，五十七秒，五十八秒，五十九秒……六點正！」

□　「濟遠號」主砲副砲側舷齊放，艦身震動。「浪速號」及「海門號」驅逐艦也同時開火。

□　岸上炸點朵朵，掀起了泥土，硝煙中閃閃光亮，一群群砲彈爆炸。

□　運輸艦放下小艇，登陸部隊官兵伏身艇中，一波波向岸邊駛去。

□　駛到岸邊淺水處，各艦艇官兵躍入海水中，涉水登陸。

□　在岸上分別依各中隊、大隊、聯隊的旗幟與信號，部隊紛紛集中，立刻向內陸挺進。

□　日軍旗在海岸線內陸飄揚。

□　岸上毫無義民抵抗。

□　日軍衝進海岸各村落，縱火焚屋，對奔走逃生的義民以機槍掃射。

□ 沿海一帶的村落，成了一片片火海，煙霧騰騰。

□ 槍砲聲中，夾雜著哭叫聲，呻吟聲。

第卅六場

景：狗氳氤山林內

時：拂曉

人：侯福壽、福壽嫂、村民

□ 砲聲隆隆，一陣近一陣遠。

□ 林中的村民個個相驚失色，大人把小孩的耳朵摀住，拍著他們，叫他們別怕；自己卻牙齒打架，抖個不停。

□ 侯福壽從打盹中驚醒過來，啃了一個飯糰，嚼了個檳榔，勉勉強強，撐起精神，他已經兩天兩夜沒睡了，左膀子的傷，福壽嫂替他塗草藥包紮起來，雖然沒有發炎，卻還是痛，他拚命熬住，要村民無論如何要留在山上林子裡，不要亂動亂走，再苦再不方便，也要熬過這幾天，他自己則要到前面去打聽打聽一下動靜，再作決定。

□ 福壽嫂勸也勸不動他，只見他一身衫褲破破爛爛，左膀子裹著傷，兩眼通紅，腮巴都凹了進去，又是心疼又是害怕。

嫂：阿壽，你不能去，你去了我們靠誰？眞要去，也睏一下覺走才是。

侯：（嘆了口氣），我何嘗不睏，可是千斤重擔在身，我能睏會去嗎？我到前面探探路就轉來，這砲聲越來越密，只怕蕭壟那一帶也接上火了。妳好好帶著阿素阿崙，我會小小心心的，放心吧。

□福壽帶了小黃一起走，知道小黃的嗅覺好，老遠的情況可以早早警示他，縱令有日本仔近身，他相信自己拳腳，還應付得下，兩三個人近不了身，加上小黃那種獵山豬的凶悍，也能幫幫他。

第卅七場

景：山底通往蕭壟的田野，四週平坦的山坡，一面有雜木林

時：日出時刻

人：侯福壽、土狗小黃

□晨霧濛濛，福壽心想，預兆今天又是個晴天，住在山上林子裡還不會受風雨交加的苦；他順著馬隊的腳跡蹄痕往前走，快到山麓時，路兩邊的矮樹與芒草似乎都經過踐踏，開開的一大片，好像馬隊在這裡由縱隊一字排開成橫隊。

□他陡然一驚，馬隊隊形作這種變換，只有一個原因，衝殺！

□福壽連忙三腳兩步向前趕，小黃的腳勁更快，已經竄到前面去了，嘴裡低低的哀嚎，它竄進路邊的乾溝裡刁住一個黑團，使勁拖，福壽跑過去一看，竟是阿興的屍體，致命的

傷勢是連頸帶背的刀傷，阿興手裡還緊緊抓著一把扁鑽，刀尖上的血跡已經乾乾的成了黑色，似乎他和日本仔拚鬥過。

□　田野邊還有幾匹死去的日本軍馬，在朝陽中特別顯著，牠們的前腳都有一兩隻砍斷了，刀法力道很猛，福壽看得出是阿原的掃刀砍的，他一定是拚戰日本仔馬隊，用上了送給他的掃刀，馬背上的日本仔可能也死了好些幾個，遠處還有個淺淺的墳堆，只是沒有阿原的屍體，他逃進樹林裡去了嗎？

侯：（用手窩住嘴巴大聲喊叫）：阿原！阿原！

□　山坡有回聲傳來，阿原！阿原！

□　一片死寂。

□　路遠一點的地方，橫躺著幾個精壯的小伙子，身邊拋散著短刀和梭槍，一面藤紮的宋江陣藤牌，竟一刀劈成了兩半；一身的血跡都乾成了黑黑的一片，都是刀傷致命，他們似乎在擔任後衛抵擋日本仔，日本仔也夠狠，根本不用槍，仗著馬高腿快，全部用馬刀砍殺。

□　這些都是向福壽學過的功夫的小伙子，福壽含著淚水，咬緊牙關，把他們沒閉的眼皮子闔上，寡不敵眾，怎能瞑目啊！

□　再往前走一段路，更是淒慘，一堆堆的村民，死在路邊和田地裡，大大小小，老老少少都遭馬刀砍劈得不成人形。

口　劉家三口人都死在一堆，劉福地似乎護著翠花和秀雲，倒在她們旁邊，辮子都散開了。他們和福壽這批人分手，連夜趕下山來，以爲天亮時可以望見遠處蕭壟的炊煙，沒料到身後的馬隊，蹄聲像悶雷般追殺上來，他們四散奔逃，哭爹叫娘，那裡有日本軍馬的躍步快，刀光一閃，冷風掠過，就一個個仆倒在這片田野上了。

侯　（淚水漣漣，對著天哭訴）眞是趕盡殺絕啊！日本仔，你們好狠的心，連囝仔都不放過！我們一定要報仇！報仇！報仇！上天有眼，你們一定會有報應！報應！報應！

第卅八場

景：狗氳氤山樹林內

時：下午申正時刻

人：侯福壽、福壽嫂、村民

口　福壽醒過來時，樹林中陰陰暗暗，似乎天快黑了，他揉揉眼睛，從樹根下的草墊上坐起身來，仔細聽聽，四週人聲不斷，但砲聲卻沒有了。

嫂：（輕輕向他說道）：阿壽，你醒了，卡好睏吧，今天早上你轉來時，大家都嚇呆了，只見你一身沾血，身上卻沒有受傷，眼睛呆呆的往前看，問你什麼話也不肯講，只對大家吼一句「啥人要去蕭壟，我就宰了伊！」我扶著你坐下，你連阿素阿崙都無愛理，我餵了你一杯水，你倒頭就睏了，我知影，你卡勞累，三天兩夜攏無睏啊，現在是不是精神好了一點？

侯：我睏了多久？

嫂：從辰正到現正，都快五個時辰了。

侯：（嘆了口氣，交代福壽嫂）：妳找兩塊小膏藥，我記得帶得有，替我貼在太陽穴上，我頭卡痛。

嫂：（替他貼上膏藥，輕輕替他揉揉，一面說）：你不准人去蕭壟，現在大家都知影了，剛剛有人從東石港逃到山上的人說，日本仔三面進攻打府城，逢人就殺，遇屋就燒，杜子頭庄，鐵線橋一帶死得好慘，我們幸得李老千歲保佑，沒有下山。

口 福壽立刻站起身來，圍著的村民馬上讓開來，圈子裡坐著一對一身襤褸的莊稼漢夫婦，幾乎是哭哭啼啼訴說他們經歷的慘禍：

村：……日本仔先是海上開砲轟，岸上煙霧騰天，山都打崩，樹都炸翻，屋子炸碎起火，然後就一小船一小船從海上划槳攏岸……都用槍打刀砍，衝到村外圍住，放火燒莊……人跑出來就殺，一堆堆的……啊……可憐啊，幸得菩薩保庇，我們躲在一口枯井裡，才……

侯：（急急問道）：蕭壟怎樣了？

村：還有啥蕭壟，攏總「消人」了！男男女女攏死翹翹了……日本仔要殺光、燒光、搶光……

口 福壽聽了兩腿發軟，顫顫巍巍走回到自的雜細擔前，對著神像跪了下去，嘴裡喃喃禱告：

侯：三寮灣弟子等蒙老千歲保庇，逃過了此一浩劫，倘能返回家園，必定重塑金身，精修廟宇，世世代代香火供奉，永謝神恩。

□　他回頭一看，黑壓壓一片人，留在山上的村民，男男女女，老老少少都跪在後面，爲了喜獲新生而感恩，對著神像搗蒜般磕頭。

第卅九場

景：台南城閱兵場

時：十月廿六日上午

人：北白川宮能久親王，伏見親王、乃木希典中將師團長、河邊大佐參謀長、海軍小澤司令，其他將校、日軍。

□　十月廿一日，日軍三路圍攻，再加上海兵（海軍陸戰隊）在安平登陸，劉永福先一夜搭英國輪船逃離台灣，抵抗的義軍義民瓦解，日軍三個師團順利進入台南城，形式上完成了全島的佔領。

□　十月廿六日，在台南城閱兵場，舉行盛大的勝利閱兵典禮。

□　日軍近衛師團、第二師團、第四混成旅、及海兵隊各派出精銳部隊，接受閱兵。

□　檢閱將校十餘騎人馬，由統帥北白川宮能久親王率領，策馬緩緩在各部隊前走過。

□　各部隊一見檢閱官到，即下口令：「敬禮！」

□　軍旗前傾，軍官士官撇刀，士兵舉旗，軍樂齊奏，金鼓雷鳴。

口　北白川宮全副戎裝，騎在馬上，舉手答禮，一面和伏見親王與乃木師團長講話。

北：這次征服台灣，爲帝國開疆拓土，全虧三位貴官協力同心，成此大業。

乃：這次作戰爲明治建軍以來第一次陸海軍聯合作戰，殿下洪福庇佑，統御有方，完成任務，聖上可謂得人。

伏：殿下班師回國，聖上定會召見，優渥賜勳。

北：還是託三位貴官之力，將士用命有以致之，這次皇軍戰績輝煌，無負聖諭所望，只是犧牲不少官兵，本宮深感難過。

小澤：以死殉國爲軍人本份，殿下不必傷心。

伏：有些將校深具潛力，才堪大用，我國戰勝支那後，面對強國露西亞，定有大戰，還有大展長才爲國效命的機會，卻喪生在這個蠻島上，未免可惜。

北：殿下一定是有感而發了。

伏：本師團搜索中隊吉川勇一少佐，智勇雙全，作戰驍勇，不料在接應登陸時，與小股暴民接觸，竟遭砍斷馬腳，翻身落馬，被暴民快刀劈死，十分可惜。

乃：是不是孤軍登陸王爺港的那支部隊。

伏：正是。

北：本宮定十一月一日隨作戰部隊離台返回東京，一定恭請聖上，將殉國英靈奉入靖國神社，以慰各將士在天之靈。

□ 他們到了另一支接受檢閱的部隊前，軍樂聲中，「敬禮」聲不斷。

第四十場

景：嘉義林投港樹林

時：十月廿八日下午

人：北白川能久親王、近衛師團幕僚、日軍、義民刺客。

□ 日軍征台統帥近衛師團師團長北白川宮能久親王，自從五月廿九日在澳底登陸以後，歷經五個月的征戰，終於平定全島，預定十一月一日班師回國，精神非常愉快。

□ 廿六日舉行閱兵後，多喝了點酒，爲瘧蚊所乘。第二天發高燒，經師團軍醫測量體溫，一度高到攝氏三十八點四度，勸親王暫時休息，不必忙於回國。

□ 但北白川宮身體極爲健康，雖然發燒，精神還很好，堅決要到近衛師團各駐地去視察，作禮貌性的辭行。

□ 一行人馬浩浩蕩蕩，經過林投港的樹林。

□ 先頭的衛護部隊已經過去，突然，樹林中嘩啦啦一陣響，一個渾身黑衣勁裝的義民，手握長柄掃刀，從密林中一躍而出。

□ 義民躍出時，北白川宮措手不及勒馬大叫：

北：有刺客！快來！

□ 北白川宮的聲音甫落，刺客已躍到馬前，閃身躲過北白川宮劈下的一刀，一掃刀砍斷座騎的左前腳，座騎慘嘶一聲，前蹄躍起，北白川宮掉下馬來。

□ 擔任侍護的官兵驚叫撥馬回頭疾馳而來。

□ 北白川宮拔出腰間的手銃。

□ 義民揮刀快如閃電，朝北白川宮連砍幾刀，連肩帶臂，鮮血染紅了帥服。

□ 急馳而來的兩騎侍衛，也遭了義民同樣的刀法，斬斷馬腳，飛刀劈喉。

□ 義民縱身入林，不見蹤影。

□ 侍衛紛紛拔槍向林中轟擊，山鳴谷應。

（特寫）長柄掃刀留在北白川宮親王屍體旁邊，刀刃上鮮血殷然。

（OS）侯福壽的聲音：

你們好狠心，我們一定要報仇！報仇！報仇！

上天有眼，你們一定會有報應！報應！報應！

——劇終

一九九三年十一月廿六日

調侃小品

狗是好鄰居

一九七五年，我遷到台北縣新店市花園新城，三十多年來，享受這裡的綠蔭鳥鳴，山環路靜，使人十分舒暢，鄰居也都和靄可親；只是我發現一些芳鄰，有一點點兒「寡情」，他們對狗兒口誅筆伐，不遺餘力，似乎要把這個社區中所有「人類忠實的朋友」和「老年人的醫生」去之而後快；而愛狗的芳鄰卻置若罔聞，好像事不關己。

前幾年，懼狗芳鄰當權，大張告示，宣佈要以毒餌殺犬。我們心想，花園新城馬上就會出現狗屍遍野的一景了，結果野狗依然如故。使人覺得這些人有「懼狗症」，卻只能坐而言而不能起而行，只指望別人也厭狗恨狗乃至殺狗，自己在一邊兒樂觀其成。

老祖宗最實際，幾千年以來，養狗就是兼可作「菜狗」，《三字經》裡說：「馬牛羊，雞犬豕，此六畜，人所飼」，說得坦坦蕩蕩。漢代的開國大將樊噲，便是香肉業的祖師爺呢。不過後來發現，六畜之中，只有狗最忠心、貼心，從而十分窩心，您能把狗以外的五畜養在屋子裡防盜嗎？養隻貓兒跟著您蹓蹓腿嗎？因此狗以牠的忠誠、聰明、與機警，受到人類的愛護，全世界並無二致，連台灣人也不吃狗了（冬天例外）。

狗是人類環保體系中的一環，家中的殘飯剩菜，都能一體全收，決不嫌棄，吃完還向您搖搖尾巴致謝。狗以前還是家中清潔衛生員呢。名作家小民女士在大作《永恒的彩虹》（三民書局）一書中，便寫她小時，「看家中的大黃狗，『專吃弟弟的大便……』老王媽說狗聞人的屎才香呢。」因此，「是狗忘不了吃屎」這句成語並不是胡說，不信您就試試看。

我們到餐廳，吃完把剩菜「打包」，不浪費食物拿來餵狗（或者餵自己），是國人的美德，英文也管這個叫「狗食袋」，擺明了拿回家餵狗。足見中西方養狗都知道，這樣處理殘餚，不暴殄天物，而且省卻市公所多少垃圾處理費。

狗也是最可靠的保全體系，如果三不五時，一台車停在閣下公寓附近，下來了一條壯漢，腆著肚皮，墨鏡黑恤黑褲，一面橫肉，滿臂刺花，大搖大擺在門前一站，一口血紅檳榔汁啐在門上，這時，懼狗症的先生若是見到，定會明哲保身，大氣兒都不敢吭一聲，趕緊回家把門關上。只有鄰居的狗兒毫不畏怯，汪汪狂吠，叫得五鄰六舍，個個探頭出來看。這位老大見不對勁，他怎麼能和狗幹架？只有悻悻然把香菸屁股一扔，上車閃人，這次投石問路，算是砸了。幹！這隻死狗！下次不毒死你才怪！

狗叫固然製造噪音，可也是一種保全示警的警鈴。一家有狗，四鄰受惠，白天黑夜，狗都在那兒看院顧家，您不耗一點神安心睡大頭覺，還省下了鐵窗錢，這不是很划得來嗎？

天下沒有不叫的狗，全看牠是正常的叫，還是給關籠子裡，急著要人親近的哀嚎，稍微有人照料，狗不會亂叫的。您即使想隱居陶淵明筆下的《桃花源》，那裡也是「雞犬相聞」啊；您要做荒島上的魯濱遜，沒有那隻狗兒，可能就會發瘋。您受不了狗叫嗎，那花蟲季的蛙鼓、端午夜的蟬鳴呢？住在山上，把這些當成悅耳的「天籟」或是厭耳的「噪音」，只在您一念之間了。

「懼狗」的精神狀態，可能由於兒時所受到的影響多。在花園新城，看得出中外對狗的想法不一樣，洋孩子們即使坐在推車裡，見了狗兒就拍手，笑嘻嘻的一點兒也不怕。有些本地孩子明明大得可以走路，做媽的一見狗，便像見了大野狼似的，趕緊把孩子往身邊拉，不懂得怕的小孩也學到怕了。不要怕狗，不要寡情，這是人狗相處之道。狗翻垃圾桶，足見主人的疏忽，不在時也不請人代為照料。十路有條老白狗，幾年來主人不在，整天睡在門口的紙箱邊，但不斷有鄰居送食送水，天天如此，牠雖然老得已走不動了，但毛色豐厚，足證照顧得不差，有了一份存活的尊嚴，也展現我們鄰居厚情的一面。

花園新城以五十公頃的社區，才住了兩千多人，是住家健身長壽的天堂。為什麼要引用台北市城中區的嚴格規定，限制狗兒在這裡自由自在撒歡奔跑呢？現在，貓兒都有節了，愛狗的芳鄰們，我們何防約定每年九月九日為「狗狗節」，大家帶你的小犬、中犬、大犬、幼犬、老犬、快快樂樂在小公園聚聚聊聊，聽聽狗吠人笑，何如？

——一九九四年十月十五日「新城社刊」

夫子格言

——上代是「無違夫子！」近代則是「夫子，無違！」了，爰依柏廬先生體，輯爲夫子格言，供普天下爲老公者參考、遵循。——

黎明先起，溜狗備餐，太太請多睡，
趕車下班，口袋發票，呈夫人檢點。
一笑一吻，當思來處不易，
半嗔半摑，恒念追求艱難。
宜貸款以成家，
況分期而付款。
自奉務宜刻苦，應酬切勿流連。
時作纏綿語，嘴甜勝金玉，
內當家下廚，白水即雞湯。
毋交損友，勿作大頭。

酒家賓館，實外遇之媒，
外快私房，非良人之福。
保姆勿用辣妹，
獨出切忌盛裝。
公出雖短，手機不可不勤，
旅費雖微，口紅不可不購。
居家全包雜活，出客必須大方。
戒卻致癌之菸，
斷彼中風之酒。
上街愛血拚，唯唯稱是，
美容我埋單，諾諾連聲。
服內性佳，官場發跡，
粗魯暴戾，有限前途。
出門遇嬌嬈，須效菩薩低眉，
捷運擠口紅，謹防床頭怒目。
聽婦言，遵閫令，才是丈夫，
控開支，少零錢，豈是君子？

小別勝新婚，卿卿我我，
太太從不錯，咕咕噥噥。
見新裝而不作奉獻者，最可恥，
遇金釵而不揮慧劍者，愚莫甚！
出必定歸期，知來監往，
入門窺氣色，問暖噓寒。
逢人誇玉手烹飪達人，
生日奉名牌伴「我愛妳！」
自以爲是，離婚必果，
不求長進，乾綱難伸。
呼朋引類，賭博可傾家，
老婆會錢，急可抱佛腳。
耳邊絮聒，安知非藥石良言，當忍耐三思，
河東獅吼，雖哲人在數難逃，須平心靜想。
太太至上，查某是從。
文崇季常陳，武拜繼光戚。
焚卻《馴悍》莎翁，精研《姻緣醒世》。

見人二奶，不可出羨慕聲，
悍婦當家，當稟內慶幸感。
怕欲人見，不是眞怕，
愛恐人知，便是心虛。
大丈夫當如是，名車豪宅，
賢內助必有與，鎭邸收錢。
劈腿盡去，雖手機頻頻，亦不心驚，
牽手第一，雖私房罄空，亦有至樂。
常雙作觀光遊，
謹嚴防七年癢。
安分認命。
太太萬歲。
老公若此，庶幾近焉！

——一九六九年三月《人間世》

陞老闆

社會上，老闆以各種姿態出現。有的在旁人是稱呼上顯得恭謹，正式的如「某長」，熱絡一點的則「某座」；有些是服裝顏色不同，例如工廠裡領班穿白色，技工穿灰色；有些老闆有專用洗手間；有些老闆有豪華轎車……他們的共同特徵是慣於發號施令，手下的夥計也都是一呼百諾，後擁前呼。

從生理上看，老闆是一種軟弱的脊椎動物。他的平均年齡比較高，頭頂上每平方公分的頭髮日見稀少；他每天的運動量太少，而吸收的卡洛里又太多；患有失眠、高血壓、脂肪肝、風濕痛、心臟衰弱、和腎虧腎寒之類大大小小的毛病；老花眼鏡與助聽器不可須臾離，胃潰瘍更是普遍現象，平均都有一兩顆半蛀牙。

當老闆的人，鎮日裡憂心忡忡，坐立不寧。在外面的時候多，在家裡的時候少，即令回到了家，看電視視而不見，聆閫訓聽而不聞。他的脾氣容易發作，怕聽手機鈴響，但是打電話找夥計聽訓卻毫不躊躇。

做老闆的最大悲哀便是寂寞，事業愈來愈大，錢越賺越多，能在一起大談女人，大扯鹹濕笑話的人就愈少。他接見的部屬只有兩種：一種是恭請批示，另一種則是請求升官。

雖然做老闆有這麼多的不便利，可是普天下男人夢寐以求的便是有這麼一天，辦公室裡坐上一張更大的辦公桌，有專屬的女助理和專線的電話電腦；還有專用的衛生間與停車位；更覺得舒暢的是，床頭人開始對你假以顏色，稱呼也從「老頭」改成了「老爺」。

老闆，是社會上做事的男人討論得最多的主題之一，據統計，僅次於談女人。如何才能當到老闆？甚麼時候當到老闆？那是閣下的事；至如坐上了寶座，如何而後可以確保，如何而後可以再往上爬，那就是本文的事了。下列「待夥計」兩點，「老闆相」三點，閣下可以多多揣摩，潛心涵泳，以便得心應手，身體力行。保證可以坐進一間更大的專用辦公室，有一屋子的如花似玉的助理和機要祕書，和一部專用的二〇年奔馳房車。

待夥計

（一）訓話要聽得下

閣下一旦時來運轉，上了老闆寶座，舉目一看，但見辦公室裡衆男女夥計，打電腦的打電腦，敲算盤的敲算盤，一個個戰戰兢兢忙忙碌碌，不禁龍心大悅，爲了擺擺威風，認爲不時訓訓話乃是天經地義。

當老闆就是管理衆人之事，對夥計訓話並不要修甚麼心理學，只要懂得「人都以爲自己是最重要的」這一點就夠了。所以日常垂訓，務必使夥計們服服貼貼。特舉四例爲證：如果照括弧中的說法衝口而出，保證砸鍋，跳槽的跳槽，辭職的辭職。那時大老闆一看，好呀，這小子上任不到幾天，就把這個單位整得人心渙散，七零八落，那才眞是吃不了兜著走也。

①「她電腦不好人還好。」

（「三字母的字電腦都打錯了，還指望我加薪？」）

②「他開車不好停車還好。」

（「他怎麼不改行去開農耕機？」）

③「我們要彼此尊重。」

（「你進了公司，就得聽我的。」）

④「希望你採取合作的態度。」

（「在這裡是你當老闆？還是我當老闆？」）

（二） 加薪要記不牢

做老闆最要緊的是頂頭愛斯的臉色，當大老闆的惟一目的是賺錢，說得學院派一點，就是獲致利潤。一切其他條件不變，減少開支——降低成本就可以賺，增加成本就會賠，這是最簡單的原理。

做夥計的想法可不一樣，他惟一關心的是他的薪水，職務，他們調高職務、加了薪水，便色然以喜，可以驕其妻女；到時候不升不加，就沒精打釆；再過些時候不升還不加，就怨天恨地，不用說，他經手辦的這份業務，也就會江河日下。

當老闆處在這大小之間，最是左右爲難。加吧，大老闆皺眉頭；不加吧，小夥計會造反，業務推展不開。

當老闆的最好辦法，就是「不癡不聾，不作阿姑阿翁」，當了管家婆，就不必記夥計們的薪水。因爲每一個人對自己的職級、年資、功過、底薪、起薪、歷次加薪、上次加薪日期、加薪百分比這一套資料，記得比電腦還清楚。如果他滿意這份職位與薪水，你當然不用主動給他升，給他加；如果他不滿意了，一定會向你提出要求。所以對夥計職務薪水大可不必費神，大老闆笑容要緊。即令迫不得已，也可以作「難得糊塗」狀，驚介：「哎呀呀！從來貴人多忘事，我做生意把成本忘記了。」

老闆相

經濟起了飛，整個社會結構也起了變化，衆生相也就大不相同，「麻衣」、「柳莊」在現代社會裡可能都得修改。本文特編列「老闆相」三點，以供正當老闆，要當老闆、想當老闆的人參考。

（一）走路要走得快

資訊時代，分秒必爭，
兩肩責任重大，
行色自然匆匆。
慢吞吞踱方步準定交棒子，
邁大步保寶座矍鑠哉是翁。

年輕人要當老闆，想得大老闆賞識而更上層樓，平時往來辦公室間，更非作「行色匆匆」狀不可。

來如火，

去如風，
手挾皮包，匆匆，
只當是外銷會議，
原來是WC出恭。

（二）大名要簽得草

自古官高金印大如斗，
可惜這年頭不作興，
專練就簽大名往公文上畫，
筆走龍蛇勢如長虹。
印象派正宗，臺灣畢加索，
黑鴉鴉一片，現代米鹿門。

（三）休息要放得鬆

弓弦緥緊容易斷，
鎮日緊張會發瘋，
白駒過隙七十載，

得放鬆時且放鬆。
筒索萬，
折折蓬，
輪盤廿一百家樂，
大酒家人體寫生。
小白球來十八洞，
保齡球道滾不停，
中午蜜月有賓館，
要釣人魚去海濱，
環球觀光女秘隨侍，
拉斯維加斯兼澳門。

——一九六九年七月一日《人間世》

前瞻眼光

幾年前，爲了減壓移情，自娛娛人，試寫了一則紙上相聲〈裝電腦〉，在《現代民防》上發表。《幼獅文藝》舉辦的文學座談會上，我以該文舉例，認爲民俗文學該是可以發展的一個方向。當時說過也就算了，我還是忙自己的正業——翻譯。沒想到一九八七年十月中旬，隨新聞局文藝團體南下參觀國軍戰力顯示時，名影評家曾西霸先生，居然記得那篇蕪作，還問我繼續寫了沒有？有人如此關注，頗爲興奮，只不過現在時代變啦，舞臺上已少見長袍摺扇學說逗唱的眞正相聲了。繼之而起的是一種新型態的對口秀（talk show），華視由張小燕及曹啓泰主持的「每日一說」，便是明證。因此試賈餘勇，希望拋磚引玉，藉《幼獅文藝》的一隅，使相聲創作豐盛起來。

張：「人無遠慮，必有近憂」，這話你可聽說過？
曹：小燕姐，我天天都想看這〈每日一說〉與〈連環泡〉的收視率啦。
張：在這個科技時代，我們尤其要注意新發明、新趨勢，來決定自己的新作法、新發展。
曹：這叫做「有前瞻的眼光」。

張：比如說，這買房子……

曹：小燕姐，您打算喬遷誌喜啦？

張：我是說一個人如果要買房子，就得……

曹：準備錢。（笑聲）

張：廢話，這還用得著你來說。

曹：除了準備錢以外，還有甚麼？

張：還得要有「前瞻性的眼光」。

曹：望前看，望遠處看。

張：對。以前買房子，大家都一窩蜂朝市區擠。

曹：擠得寸土寸金，一屋難求。

張：還不是圖個方便。

曹：對，上菜市場買菜方便，逛街方便，看電影方便，消夜方便，找女朋友嘛也方便。

張：現在情況不同了。

曹：您不要方便了嗎？

張：方便更多了。

曹：說的也是。今兒個不必擠菜市場了，有了超級市場，乾乾淨淨，冷氣舒舒服服，要甚麼有甚麼。

張：街也不必逛了。

曹：流動攤販每晚在你公寓樓下擺開，有燈光，有音響，要甚麼有甚麼，外帶兔女郎表演電子花車……

張：去你的。電影院也不必上了。

曹：電視台、錄影帶、光碟滿街都是，要甚麼片子有甚麼片子，從藍波到成龍，卓別林到孫越，瑪麗蓮夢露到陸小芬，要甚麼有甚麼，夠你看的。

張：消夜也多了。

曹：台塑小牛排、紅燒牛肉麵，滿漢大餐，八寶飯，臘八粥，全是快整盒，易開罐；汽水沙士，賣酒帶咖啡，要甚麼有甚麼，家家全都自備了。

張：交朋友也都方便了。

曹：電話一撥，手機一按，電腦上網，即時通一敲，伊媚兒一撥，就能天南地北互吐衷情，卿卿我我，能聊上兩三個鐘頭，多麼方便，多麼省錢。就只一點，可不能要甚麼就有甚麼。（笑聲）

張：所以，我要是買房子，以後就要往郊外買，地勢越高越好……

曹：比如說……

張：觀音山、七星山……

曹：您不喜歡陽明山？

張：地段要越高越好。

曹：我猜著了，空氣新鮮，環境幽靜，只是有一樁事我不明白，您住那麼高，山遙路遠，你怎麼能天天到公司來錄影，送貝怡儂上學啊？

張：這就叫「前瞻性的眼光」了。

曹：小燕姐，你「前瞻」到解決的辦法了嗎？

張：那是當然啊。到公元兩千五十年，我國國民所得邁過五萬美元大關，加上科技進步，我們各社區中，還怕沒有交通用的小小直升機坪麼？

曹：哇，果然不錯，到了那時，你可更方便了，不必愁紅綠燈、斑馬線，也沒有交通警察與雙黃線，從社區坐了直升機軋軋軋軋冉冉起飛，飛過淡水河，進臺北市區，落在電視大廈頂層，沒有停車煩惱，下了直升機，便從電梯到了辦公室……小燕姐，你眞能「前瞻」……

張：那時，我下班回家，坐在山上屋子陽臺上，還能欣賞臺北市的……

曹：萬家燈火。

張：不是，萬頃波濤。

曹：你可把我「前瞻」得糊塗了。到那時，臺北市區少說也有五百萬人啊。

張：你這就是「人無遠慮」了。你知道世界危機是甚麼嗎？

曹：核子戰爭？

張：不是。
曹：人口太多。
張：也不是。
曹：那是甚麼呢？
張：是車子太多。
曹：車子一多車禍也就多了。
張：車子一多，排的廢氣多了，二氧化碳一多，地球暖化，氣溫就慢慢升高。
曹：地球暖化與溫度升高，與您買房子又有甚麼關係。？
張：地球氣溫高，房子住得高，空氣涼爽，可以節能減炭呀。還有，氣溫高了，南北極冰山就會慢慢溶化……
曹：冰山溶化，與我們有甚麼關係？
張：到了公元二〇五〇年，全世界海水會漲高五公尺，你想想看，那時候紐約、倫敦、東京都會泡在水裏，而臺北市啊，就成了一處臺北湖了。
曹：小燕姐，到那時，您除開在觀音山上欣賞臺北湖的水天一色外，還有甚麼打算？
張：我那時要投資遊艇業，舉辦東方威尼斯水上觀光，可以從淡水河遊覽翡翠水庫，直駛坪林茶園觀光。包辦世界各國與大陸觀光團，保證生意興隆，財源茂盛。
曹：小燕姐，您的前瞻眼光，我只有一點疑問。

張：是那一點？

曹：到了二〇五〇年，您還遊得動嗎？

張：去你的（推曹倒）

（笑聲）

——一九八七年元月《幼獅文藝》三九七期

裝電腦

厄（A）：（念引子）社會重英豪，銀子聘爾曹，萬般皆下品——

比（B）：裝了電腦高。

厄：久沒見啦，密斯特（Mister）金。

比：朗諾息了（Long no see），相聲王。

厄：想當年松山機場一別，一晃好些年啦，聽說您在番邦開了公司，有了如花似玉的洋妞兒。今兒個一照面，您腰也粗啦，腿也直啦，衣服西啦，說話洋啦；是甚麼大風，把您給吹回來了？

比：本人失落番邦一共十載，後來專裝電腦。此番應「差不多」公司聘請回國，開發新型電腦市場，也爲國家聊盡一分「餓弗得」（effort）。

厄：原來如此，歡迎您回國投資；但不知此番回國有何感想？

比：此番回國，好不高興人也！

（唱西皮倒板）一機離了約斯（U.S.）界——

（西皮原板）不由人，一陣陣，喜上心來。

青的山，綠的水，台灣世界，
金平貴，好一似，果斯（goose）歸來。
厄：（喝采）好哇！想不到您出國這麼些年，唱起京劇還是刷子掉了毛，有板有眼嘛。
比：本人在番邦僑社主持票房，專唱「武家坡」帶「大登殿」，人人公認我「不來買，剎啦」（prima donna）。
厄：您可嚇得我一身冒汗，甚麼不來買就剎啦？
比：名票泰斗，當家老生呀。
厄：原來如此，您的洋妞兒可曾一起回國？
比：難道你沒聽見我唱的那幾句？
厄：沒聽見您唱代戰公主呀。
比：我唱「果斯（goose）歸來」，就是孤雁一個人呀；如果雙雙比翼回國，就唱「基斯（geese）歸來」了。是單是雙一聽便知，英文就有這等妙用也。
厄：您還沒說回國觀感呀？
比：想我當時下了「塞昏復塞昏（747）」，出了「蔣介石空港」（Chiang Kai-shek Airport）……
厄：您是說桃園中正國際機場？
比：卵！卵！卵（no,no,no）英文就是「蔣介石空港」，翻譯豈可不忠實？

厄：然後呢？

比：我坐上一輛「的士」（taxi），上了「狐狸威」（freeway），住進了台北市「唐湯」（downtown），王豆腐呵王豆腐（wonderful）！

厄：您可眞沒忘本呵。

比：這話怎麼「塞」（say）？

厄：您一回國就吃豆腐了。

比：本人「米因」（mean）好極了呀好極了。

厄：這好嘛好在哪裡？

比：「麥克米」（make me）感動呀感動。

厄：您是說台北市的高樓大廈，連雲而起？

比：美國有一百二十層大廈，世界「拿摩溫」（no.1）·，台北現在才到「溫跨腿」（one quarter）。這一比嘛就比下去了。

厄：那您是見到台北市滿街汽車竄來機車鑽？

比：美國汽車就是人的腳，來的千千，去的萬萬，托曼妮（too many）呀托曼妮·，那摩托賽過爾（motorcycle）麼，只是小朋友的「嘶卜通」（sport）工具。這一猜麼，就猜錯了。

厄：您見到了國內家家有自用電話，戶戶裝彩色電視？

比：想到在那「有奶吐得斯吞吃」（United States），裝「德律風」（telephone）只要五十

「大拉斯」（dollars），便宜呀便宜；「顏色梯威」（color TV）麼，小的三「印齊」（inch），大的八十二「印齊」，尺碼齊全呀齊全。這一猜麼，又猜錯了。

厄：左不是來右不是，您感動的是甚麼呢？

比：這台北啊，美化了。

厄：您是說南京東路的紅磚人行道，敦化南路的園林大道，中山北路的杜鵑花，仁愛路的大王椰子樹，還有那新公園的鐵圍欄？

比：我在塞，台北啊美國化了。

厄：此話怎講？

比：人一照面就是「好剎一剎」（how do you do），話剛說完就「三顆藥」（thank you）；衣服前後印番字，公司行號純英文，招牌上電話清一色的「德律風」（Tel.）。街上跑的是「巴士」（bus），辦公室叫「阿費事」（office），十三樓成了十三「付」（F）。運動衫稱「體恤」（T shirt），洗髮精變「香波」（shampoo），喝茶休息「迪太姆」（tea time）。大學生說「凱」（K）書，中學生道「餓凱」（OK），小學生分手說「拜拜」（bye-bye）。英語風行，廣受歡迎，教我這裝電腦的怎的不喜，又怎的不樂？

廠：國內人人力求上，個個通曉英文，與您裝電腦沾甚麼親，帶甚麼故呀？

比：這你就不明白，我代裝美國的第十代新型電腦「濕兮兮」（SCC），正愁打不開「馬克特」（market），眼見台灣一片美語世界，電腦程式不用修改，這錢麼，是賺定了。

厄：您說了老半天，原來還是要賺我們的錢呀！

比：這「濕兮兮」電腦非比尋常，乃是一種「音控電腦」，只要你一說英語，電腦立刻遵命行事，半點不差。

厄：這可是一件鮮事，沒聽說過。

比：比如在自用車裡裝上我的「濕兮兮」。你早上上班可以多睡半小時；出了大門，只要掏出袖珍遙控專用麥克風（megaphone），用英語喚一聲：「車來！」汽車電腦立刻在車房發動車子，自動鬆開煞車，吃上排檔，駛出車房，停在門口，車門大開；你上得車去，車內還有嬌滴滴的一聲：「狗頭貓擰！」（good morning）表示歡迎。

厄：「濕兮兮」電腦還附送一個洋妞兒呀，我買了！

比：那是電腦錄音帶呀。不過由我裝的「濕兮兮」，有胡因夢、鄧麗君、白嘉莉、鳳飛飛、歐陽菲菲、張琍敏六位小姐的聲音，任憑你挑，任憑你選。像我那輛「拖一拖」（Toyota），「濕兮兮」還能注意安全，車子上了「狐狸威」（freeway），油門稍稍大了些，就有「東京百合」嗲聲嗲氣說了：「打鈴（darling）！恩膩（honey）！你開快了嘛，我們有的是時間呀！」

厄：「濕兮兮」還能枕邊細語呀？你可眞的實驗過？

比：沒有實驗那也能叫「賽因斯」（science）嗎？我就因爲實驗成功，才應聘回國「麥克曼尼」（make money）啊。

厄：您的實驗有沒有成果向國內同胞報告報告呀？

比：那還能沒有？（指著）面上的傷疤爲證。

厄：眞使我肅然起敬，您爲了發展尖端科技還受了傷啦。

比：也是我存心想使我那準代戰公主「騷不來兮」（surprise）一番，也爲了防止三菱和日立的工業間諜，我在「拖一拖」上暗自裝了一套「濕兮兮」。一天下午，我到門口來先行實驗實驗，掏出「麥克風」，輕輕說一聲：「拖雞藥莉莉（Tokyo Lily），康姆阿維稀兒！（come over here！）」只聽見車房裡轟的一聲。

厄：車房垮了？

比：卵！卵！卵！只見我的「拖一拖」開出來了，一個拐彎，停在我面前。車門刷地打開，時間不多不少，正是我程式設計的五十「色肯茲」（seconds），我就坐上車去……

厄：誰向您說「狗頭貓擰」呀？

比：一隻玉手五爪金龍揍在我臉上，一聲尖叫：「格特奧特弗稀兒！」（get out of here）我回頭一看，我那準代戰公主就坐在後座上呢。

厄：原來您的女朋友也參加實驗，怕您迷上「東京百合」了吧？

比：她旁邊還坐著她表哥啦。

厄：這可眞是大和尙給小和尙拿虱子，都是一個廟裡的事兒了，當時您怎麼辦？

比：我當時只想：果然不差！果然不差！

厄：原來您對那檔子事，早猜了個八九不離十了。

比：卵！卵！卵！誰想那個呀？我只想到，「濕兮兮」的實驗果然成功了！

——一九八二年十一月廿一日《現代民防》一〇一期

美人計

甲：大夢誰先覺，

乙：生平我自知；

甲：花旗春睡足，

乙：歸國日遲遲。

甲：達克透金，自您放洋以後，又有好些年沒見，這次有幸台北相逢了。

乙：相聲王，台灣經濟奇蹟，一飛沖天，舉世皆知。二十年沒見，你哪兒沒地方混，還在這兒耍貧嘴，說相聲呀。

甲：達克透有所不知，想這相聲，乃是我國的傳統民俗，不要道具，不排卡司，就這麼兩個人往台上一站，講究的是學、說、逗、唱，在同胞們的老人茶餘，美人酒後，以及在電視的橋劇中，這麼三言兩語，逗您一樂，化氣消痰，解除精神壓力……

乙：然後呢？

甲：人人聽了相聲，就這麼哈哈一笑，血壓低了，脾氣少了，心平氣和，裕民樂國，豈不是功莫大焉。

孔：這麼一說：應該保存。

甲：豈只保存，還該發揚光大。

乙：應該發揚光大。

甲：您這次回國，是開學人建國會議呢，還是參加研究院院士會議？

孔：非也，思想起來，好不傷感人也。

甲：您這一甩水袖，一摸髯口，敢情又要唱上一段兒了。

乙：（唱散板）

處世豪傑無人用，
天涯海角任飄零，
催馬加鞭往前進，
英雄何日逢美人？

甲：啊，聽您這麼一唱，我就明白了。

乙：明白何來？

甲：您敢情是要回國娶親？

乙：正有此意。

甲：只是我可不太相信。

乙：有甚麼不能相信。

甲：想您遠克透金人有人才，還有美金金財，手執花旗護照，住有獨院洋房，出有奔馳轎車，在美國混了這麼多年，居然連個太太都沒混到，叫我等怎能相信。

乙：相聲王有所不知，原來我也想過，人生苦短，行樂當及時，美國又是極端自由的所在，要怎麼過便怎麼過，所以我便選擇了獨身貴族一途，先混嬉痞，再要雅痞，朝交瑪莉，暮擁珍妮，日子倒也賞心悅目，好不逍遙，好不自在。

甲：這麼說來，您這麼多年都沒回來，原來是「此間樂，不思蜀」，把我們全給忘了。那麼今年又是什麼風把您吹回來了呢？

乙：你可聽說過「厄愛的死」？

甲：甚麼「死」，還專門「厄愛」嗎？

乙：這是一種暗疾，起於非洲，傳到美國，而今蔓延到全世界；這種病來無影，去無蹤，只要一惹上，準包死得凶。一旦檢查您得了這種病，不但姥姥不疼，舅舅不愛，學校要你退學，公司要你辭職，社區要你搬家，醫師縮手，護士抽身，求生不得，求治不能，只有死路一條，（改道白），好不嚇煞人也。

甲：原來是「愛滋病」嘛，台灣衛生部長喜洋洋張開雙手歡迎，認爲這種因愛滋生、有愛滋補，叫台灣人一致歡稱「愛滋」呢？

乙：那有此事，想我乃是高等知識份子，資訊吸收比人又快又多，風聲一傳出來，我可就收了花心啦，回台灣成親去也。

甲：如此說來，台灣這一片乾淨地，畢竟是人間寶島啦，隆重歡迎達克透回來賞光定居，兼作金龜婿。

乙：我這次回國，爲了我個人娶親事小，而是要親身參與和平統一中國的大業。

甲：這我倒沒料到，久住番邦的達克透，竟對我們統一大業有幫助嘛。請問達克透金，您有何妙策神機，能使中國和平統一大業，早早實現。

乙：本人遠矚高瞻，胸懷妙計，未出茅廬，謀定後動，業經掐指一算，只須依照山人計策，必定一舉而成。

甲：請問達克透金，有何妙策？

乙：你可知道三十六計？

甲：那當然知道啦，您不就是「三十六計，走爲上策」，二十年前就走到美國了嗎？

乙：我倒要考你一考，是哪三十六計，你倒說來聽聽看。

甲：達克透金你且聽了，想那三十六計，是老祖宗幾千年智慧的結晶，若要得心應手，便須活學活用，這便是：

瞞天過海，借刀殺人，圍魏救趙，順手牽羊；
趁火打劫，聲東擊西，增兵減灶，暗渡陳倉；
隔岸觀火，笑裡藏刀，十面埋伏，李代桃僵；

以逸待勞，借屍還魂，欲擒故縱，調虎離山；
拋磚引玉，釜底抽薪，渾水摸魚，擒賊擒王；
金蟬脫殼，假途滅虢，關門捉賊，換柱偷樑；
反客爲主，指桑罵槐，誘敵深入，聲勢虛張；
遠交近攻，帶上反間，
還有那：疑兵計，空城計，苦肉計與計連環。

乙：說了半天，才有三十四計呀。
甲：只因爲「走爲上計」早被您用過啦。
乙：還有一計是甚麼？
甲：實在想不起來了。
乙：我告訴你吧，本人要用的就是這一計。
甲：不知道是何妙計？
乙：提起此計，大大的有名。
甲：您就說說看，別吊胃口啦。
乙：美——人——計。
甲：我以爲甚麼神機妙算，計之中計，這美人計嘛，老掉牙啦。要不要我伺候您一段兒：

（倒板）辭別了，會稽城，淚流滿面，（唱）有多少，傷懷事，難對人言；我心中，怎免得，
柔腸寸斷；要收這，越國的，破碎山川。

乙：相聲王唱的可是〈西施〉？

甲：她才是「美人計」的祖奶奶啦。

乙：著！著！著！

甲：達克透金您上過太空，下遊地獄，中通莎士比亞福爾摩斯相對論，中文英文法文德文拉丁文一把罩，無一不知，無一不曉，怎麼又走回頭路，想到了美人計了？

乙：只因美國今年競選總統，群雄迭起，各顯神通，大肆宣傳，廣招兵馬。上屆大選時，民主黨哈特奇兵突起，曾經以「牛肉何在？」作競選口號，氣勢洶洶。這次眼看著就要成氣候啦，卻馬失前蹄，中了美人計，美人萊絲剛剛投懷送抱，照片卻已全國曝光，只有宣告退出。好不令人長嘆：「舉世英雄豪傑，多頭、拳頭、袁大頭，敵不過鴛鴦枕頭！」

甲：報上不是說，哈特又東山再起了嗎？

乙：寡婦死兒子，沒指望啦。你想想看，誰要投票選一個自己親口承認「寡人好色」的作總統？這碼子事只可暗摸，豈能明講；只容別人疑鬼疑神，不能自己不打自招啊。

甲：聽您一說，舊瓶新酒，老店新張，即令二十一世紀、此計依然用得？

乙：當然用得。

甲：如此說來，達克透金此番回國娶親，參與統一大業，要用上美人一計，去脈來龍，本人

已經全盤知曉了。

乙：（旁白）相聲王不愧台北戲包袱，我這幾段詞兒他全知道了。（問）請道其詳，小弟洗耳恭聽。

甲：這次國內舉辦選拔台灣小姐，爲二十年來的頭一遭，舉凡年齡、籍貫、學歷、三圍、容貌、談吐、修養、健康、家世、背景……全部被新聞媒體不辭辛苦給挖了出來，寫得淋漓盡致，拍得不亦樂乎，使達克透金在求親途徑上的錄影、錄音、記錄、分析，提供了翔實可靠的資訊，而且不花一文錢，比重金找徵信社、登徵婚廣告、託人相親說媒便宜得多了：

（唱搖板）閉月羞花沉魚落雁，這也是月下老天定良緣。

乙：相聲王呀，你這一猜麼——

甲：猜錯了？

乙：猜對了。

甲：然後達克透金便透過各種管道，對意中人展開攻勢，你是既懂中文，又說英文，已入美籍，外擁美金，三番兩次，還怕你的意中人不點頭答應，做一個現成博士夫人，僑居台北的美國公民麼？

（唱搖板）論姻緣，早定在，三生簿上；喜吟吟，結鸞儔，並頸鴛鴦。

乙：相聲王呀！你這一猜麼？

甲：猜錯了？

乙：猜對了。

甲：然後，一個是英年才俊的哲學博士，一個是百媚千嬌的台灣小姐，雙雙對對，拿了美國護照，從台北飛往東京，再轉飛北京度蜜月去也……然後……

乙：相聲王，你這一猜！

甲：猜對了？

乙：猜錯了！你以為我是個不愛美人愛江山的漢明帝，要把王昭君送去和番；又以為我是一個開國的清太宗，用皇后博爾吉特去誘降洪承疇。那你太誤會我了，做皇帝有三宮六院，七十二妃，去了一個美女不算甚麼，像我達克透金，怎麼能將自己獨一無二的新婚絕色太太拱手讓人，後半輩子沒有著落；相聲王啊！你太把我看扁了。

甲：這麼說來，是我大大的不是了。只不過您剛才把娶親、統一大業與美人計掛在嘴邊，我就胡猜亂想把它們連在一塊兒啦。多多失禮，特此當衆鄭重道歉。（鞠躬）

乙：本人雖然久居番邦，卻深嫻大陸情況。知彼知己、百戰不殆，你可知道十年二十年後，大陸最缺的是什麼？

甲：我只知道耍貧嘴，現在的事兒都搞不分明，哪兒知道一二十年後的事情啊。

乙：我告訴你吧，女人。

甲：達克透金，旁的事情我不敢頂您的嘴，不過您這種說法可有點離譜了，大陸上少了不說，十三億人口中，至少有五六億女人吧，怎麼會少得了。

乙：中國大陸為了人口日多，「食之者衆，生之者寡」，便在十年前訂下了「一胎化」政策，一家人只能生一個孩子。

甲：那也不算甚麼稀奇，台灣也提倡過「兩個恰恰好」呢，這年頭兒裡，孩子是奢侈品，生得出，養不起，越少就越好養呀。

乙：問題就在這一胎上了，我來問你，如果只准你養一個小孩，你要兒子呢？還是要女兒？

甲：那還用說，當然兒子啦。「不孝有三，無後為大」嘛，女兒長大，終究是人家的啦。

乙：人人都這麼想，戶戶都這麼做，結果全院子，全村子，全鄉，全小區，可都是精壯的楞小子了。

甲：達克透金，您這麼一點，可就明白了。照這種「一胎化」淨生小小子下去，十年二十年後，全是傻男生天下了。倒是有個好處，漢文可就簡化啦，到那時沒有兄、弟、姐、妹、叔、伯、姑、姨、舅全都從字典裡取消，人倫關係只有父子一條鞭，多省事呀。

乙：那你可曾想到這「男大」？

甲：男大當婚嘛！

乙：淨是男生，哪兒找女生來娶呀！

甲：您這一句話，可驚醒了夢中人，可說的眞是，人人都不生女兒嫁出去，哪裡娶得進兒媳婦來啊！

乙：著呀。

甲：達克透金果然看得遠、算得準，不愧留美超博士，不知道您有何高招？

乙：我問問你，台灣地方小，資源不多，每逢缺了東西，有何對策？

甲：進口呀，管它澳洲牛肉、阿根廷馬肉，缺貨搞進口，問題就擺平。

乙：大陸要是缺乏女青年，又該怎麼辦？

甲：進口新娘呀，台灣這裡，待出口的小姐數不完，單身貴族的女強人成群結隊。

乙：著哇！山人就是這條錦囊妙計。所以這次回國定居，以本人高IQ、好EQ的基因，找一位似玉如花的寶島姑娘配套，專生漂亮女兒：一掌珠，兩千金，三朵花，四小妞，五福臨，六六順，七仙女……等到她們二八芳齡時，大陸上「一胎化」的男生剛到適婚年齡；本人帶了一家子往大陸探親觀光招搖過市，開轟扒，辦選美。你瞧瞧吧，吾家有女萬家求，不怕衙內少君不上鈎，說不定那時升為國丈，這統一大業不就八九不離十了嗎？

甲：聽您這一說，我可明白了。

乙：相聲王你明白了什麼了？

甲：達克透金您到現在連對象都還沒定準，八字還沒有一撇，哪兒來的七千金？若按照您這套計畫，那豈不是「半夜裡起來曬太陽」嗎？

乙：此話怎講？

甲：還早嘛。

——《幼獅文藝》一七六期